Tanzende Ordnungslust

Manfred Rothenberger im Gespräch mit Elke Erb

Mit einem Essay von Steffen Popp

Inhalt

Gibt es die glitzernde See?
Und haben wir Schiffe auf ihr?
Und sind uns die Sterne geordnet?

Elke Erb

Elke Erb und ihre Mutter Elisabeth, Scherbach, ca. 1939
(Foto: privat)

MANFRED ROTHENBERGER [MR]

ELKE ERB [EE]

Himmelsschlüsselchen

MR **Machen wir eine kleine Zeitreise – geboren bist du am 18. Februar 1938 in Scherbach in der Eifel.**

EE Weißt du, mein Vater ging die Hebamme holen. Und dann kommt die Hebamme und sagt: Mein Gott, das Kind ist ja schon tot!

MR **Was?**

EE Ich war ganz blau, sie hatten die Nabelschnur nicht abgeschnitten. Und ich war ein Achtmonatskind, da konnte man nicht viel erwarten. Endlich kommt die Hebamme und dann sagt sie: Mein Gott, das Kind ist ja ganz blau!
Ich denke, dass ich bei der Geburt nicht mitgeatmet habe. Also, dass ich die Fahrt nicht drin habe in mir.
Und als Kind war ich immer dünn, ärmlich, eben ein Achtmonatskind. Mit sechs Jahren wurde ich nicht eingeschult, weil ich nur 30 Pfund gewogen habe. Das musst du dir mal vorstellen!

MR **Oh je.**

EE Die Blicke haben dauernd an mir herumgefüttert, ich war wirklich sehr, sehr dünn. Auf den Fotos sieht man das gar nicht so. Nur an meinem Mund, der hatte so was Weggehärmtes, so ein bisschen was Armes.
Andererseits habe ich wohl verschiedene Energien in mir wegen dieses Defizits.
Auch deswegen, weil mich nichts hat unterdrücken können in der Kindheit. Es war alles offen. Verstehst du? Das ist ein ganz wesentlicher Punkt. Da kannst du viele sehr hoch dotierte Persönlichkeiten wegschicken, die diese ordentliche Voraussetzung wie ich nicht haben.

MR Du bist, bis du elf warst, auf dem Land aufgewachsen, in der Eifel, »ohne Verwandte«, wie du im Gespräch mit Christa Wolf in *Der Faden der Geduld* erzählst: »Drei Kinder, die Mutter. Der Vater war im Krieg. Gegenüber drei Bauernhäuser, ganz andere Leute. Ich habe sehr viel Bildung, sehr viel Erfahrung nicht mitbekommen, die der städtische Bürger hat, der mit den Mitbürgern aufwächst und in der Verwandtenclique. Heckenrosen können das niemals ersetzen.«
Daraus spricht ein gewisser Schmerz.

EE Nein.

MR Gar kein Schmerz?

EE Nein, erst heute habe ich einen eher negativen Eindruck von dieser Zeit. Mein Vater war ja 1933 wegen kommunistischer Betätigung von der Universität Bonn relegiert worden und 1937 mit meiner Mutter nach Scherbach gezogen, um dort vor dem Nationalsozialismus zu überwintern. Aber damals war das für mich als Kind alles normal. Erst später habe ich verstanden, dass ich keine Unter- und Überordnung trainiert habe.

MR Wie meinst du das?

EE Ich habe mich nicht untergeordnet. Ich habe kein Gebot über mir schweben sehen.

MR Du warst frei?

EE Ich war gewissermaßen unbenannt. Es war nichts eingetragen in mich. Das ist noch mal etwas ganz anderes als »frei«.

MR Es gibt einen sehr schönen Text von dir:

> *Freude hin, Freude her*
>
> »! Und gestern fuhr ich beim Einschlafen auf:
> Die Kindheit in der Eifel, sie war auch schon
> öde, sie war öde!«

Du hast doch auf dem Land gelebt, immer Tiere um dich herum. Was war denn damals so öde?

Elke Erb, Scherbach, ca. 1940
(Foto: privat)

EE Da war ja sonst nichts. Natürlich möchte ein Kind mehr Trubel um sich haben und mehr Zeichen. Ich weiß noch, ich komme einmal in unserem Dorf an einem Hof vorbei, an so einem bekackten Hühnerhof, und da waren ... wie heißen diese schwarzgefiederten größeren Vögel noch mal?

MR **Truthähne?**

EE Ja, da waren lauter Truthähne, und ich gehe an denen vorbei und denke mir nur, das macht's nicht.

MR **Truthähne zu halten?**

EE Ja, dass hier irgendwas fehlt, in der Gegend fehlte irgendwas. Es war nur ein Gefühl. Aber ich dachte mir, von hier aus muss es weitergehen. Das ist ja logisch. Wenn du auf dem Land aufwächst, dann denkst du, das kann nicht alles sein. Da war ja nix. Außer meiner grundsätzlichen Empfindungsbereitschaft.

MR **Wie hast du den Krieg erlebt?**

EE Von oben kommt das Flugzeug und ich gucke hoch: Mama, ist der Russe ein Land oder ein Mann?

Bei einem Hof, etwas abseits vom Dorf, gab es einen Keller, da mussten wir immer runter, wenn die Flieger kamen. Und wenn ich herumlief, hatte ich ständig Angst vor einem Flieger, der plötzlich am Himmel auftaucht und mich abschießt.

Und dann kamen die Amerikaner, da waren auch Schwarze dabei, die gaben uns ganz freundlich die Hand, und wir Kinder haben nachgeschaut, ob wir jetzt auch schwarze Hände haben.

Die Amerikaner waren sehr freigiebig, die brachten einen großen Kessel, gaben uns Kakao zu trinken und reichten uns Erdnussbutter, während die Nazis im Dorf Ei um Ei zerkloppt haben vor unseren hungrigen Kinderaugen. Daran erinnere ich mich noch.

MR **1946 bist du endlich in die Schule gekommen, da warst du schon acht Jahre alt.**

EE Ja, ich war ja total unterernährt. Da gab es eine katholische Volksschule, da habe ich die Bibel gelesen, ich hatte ja Mangel an Büchern. Manches war sogar ganz gut.

MR **In *Mittagsruhe*, einem Text in *Gutachten*, schreibst du 1975: »Gewiss, die Eifel war arm und die Kriegs- und Nachkriegs-**

eifel noch ärmer. Und unkommunistisch war die Gesellschaftsordnung. Obwohl wir Hunger hatten, stand uns die große Ernte nicht zu.«

EE Wir hatten zwar ein Haus, hatten aber keinen Hof und kaum Land. Also haben wir anderen bei der Ernte geholfen, und für die Ziege, die wir hatten, sind wir Hafer klauen gegangen. Ich weiß noch, dass ich im Nachbardorf mit den Kindern in die Küche ging, weil die dort nachmittags eine Stulle bekamen, und ich dann auch. Ich saß da im Grunde als Bettlerin.

MR **Hast du auch schöne Erinnerungen an deine Kindheit?**

EE Ja, wie wir Walderdbeeren gesucht haben – und die wunderbaren gelben Himmelsschlüsselchen. Wir kamen mit Fäusten voll Blumen aus dem Wald zurück.

Und am Dorfrand war eine große Kastanie, dort stand ein Christuskreuz. Und obwohl wir Atheisten waren, haben wir da immer Blumen hingestellt.

Und unsere Kaninchen. Ich weiß noch, als eines Tages der Winter kam und ich den Kaninchen Heu reingetan habe – dieses plötzliche Aufflammen, diese plötzlich aufflammende Hingabe an die Versorgung von Lebewesen, das war etwas sehr Schönes. Aber ganz schlimm war, als plötzlich die Eltern weg waren.

MR **Wie meinst du das?**

EE Plötzlich waren die Eltern weg. Sie hatten uns bei einer fremden Frau in Rheinbach zurückgelassen und wir hatten nichts mehr zu essen.

MR **Warum das denn?**

EE Die Eltern waren unterwegs in die DDR, um dort eine neue Wohnung für uns zu suchen. Aber das wussten wir damals nicht, wir wussten nicht, dass die Eltern wieder zurückkommen, die waren einfach weg und ich habe immer nur geweint.

MR **Was hattest du denn für ein Verhältnis zu deinen Eltern?**

EE Den Vater habe ich lange nicht gesehen, der war ja im Krieg. Ich weiß noch, dass er richtig Angst hatte, im Urlaub nach Hause zu kommen, weil ich dann immer schlimmes Fieber bekam. Ich war offenbar in ihn verliebt.

Ute, Elke und Gisela Erb, ca. 1942
(Foto: privat)

Als Soldat der Wehrmacht wurde er 1944 wegen Vorbereitung zum Hochverrat und Wehrkraftzersetzung vor ein Kriegsgericht gestellt. 1945 geriet er in englische Kriegsgefangenschaft, und als der Krieg zu Ende war und mein Vater wieder zurückkam, da ist er nach Halle gegangen, wohin er uns später nachholte. Die Mutter musste viel mit sich selbst auskommen, sie hatte keine Unterstützung, musste drei kleine Kinder durchbringen. Und da hat sie sich in sich selbst verschlossen.

MR **Wie hast du dich mit deinen Schwestern verstanden?**

EE Die haben immer gezankt und meine Mutter sagte dann zu mir: Sei du doch vernünftig, du bist doch die Ältere. Das habe ich ihr ewig vorgehalten.

Später hieß es dann: War was in der Schule? – Wir haben die Chemie-Arbeit zurück. – Was hast du denn geschrieben? – Eine Zwei minus. – Darauf sie: Warum keine Zwei?

Da war sie bei mir unten durch.

Mit meinen Schwestern war es immer schwierig. Zu viele Rechthabereien. Ich habe schon lange keinen Kontakt mehr zu ihnen.

MR **Habt ihr euch auseinandergelebt?**

EE Es hat sich ausgelebt. Früher gab es noch einen lebhaften Briefwechsel, jetzt nicht mehr – na ja, das kann passieren.

Kuckucksuhr

EE Ich muss jetzt wegen des Vorlasses für die Akademie der Künste Gedichte durchsehen und da habe ich ein Winzig-Gedicht gefunden. Es besteht nur aus einem Titel und einer Zeile. Das Gedicht heißt *Kuckucksuhr* und die Zeile lautet: »Im Walde die Wahrheit«.

MR »Im Walde die Wahrheit«?

EE Ja, ist das nicht schön?
Da braucht es nur so einen kleinen Ruck im Kopf und dann musst du lachen.

Elke Erb, Januar 1943
(Foto: privat)

Reise, reise, alte Scheiße!

MR **(*Wir schauen alte Fotografien an*) Auf diesem Foto sieht man dich mit zwei Kaninchen, einem braunen und einem weißen.**

EE Ich streichle die. Aber als ganz kleines Kind noch. Und übrigens, mit Schmuck versehen. Also war das doch nicht so hoffnungslos schon, wie später dann, wo der Vater weg war. Ich kann nicht älter als drei sein. Oder aber doch schon. Ich weiß es nicht.

MR **Die Kaninchen hast du sehr gemocht?**

EE Ich habe alle Tiere geliebt. Es gibt mich auch mit einem Hund. (*Zeigt auf ein anderes Foto*) Das war 1943.

MR **Wie hieß der Hund?**

EE Quincy. Den hat mein Vater aus dem Krieg mitgebracht. Ich habe da so ein Bild ... als ob er in einem Stiefel steckt und oben gucken die langen Ohren raus. Und was hat der Vater immer gesagt? Den Hund kannst du aus dem tiefsten Schlaf wecken mit dem Ruf: »Reise, reise, alte Scheiße!«

MR **Dann war er sofort wach?**

EE Das hieß, wir müssen weg, das ist ein Angriff. So war das an der Front: Reise, reise, alte Scheiße!

MR **Weißt du noch, aus welchem Land dein Vater den Hund mitgebracht hat?**

EE Nein, ich weiß nur noch, dass er aus dem Krieg kam. Das war schon eine ziemlich strapaziöse Zeit. Mein Vater verhaftet und meine Mutter mit drei kleinen Kindern in einem Dorf ...

MR **Warum ist dein Vater verhaftet worden?**

EE Wegen einer Verweigerung. Sie wollten nicht kämpfen und dann ist er vorm Kriegsgericht gestanden. Er sagte, alles war todeswürdig, was er gemacht hat. Vier Sachen ... weiß ich jetzt nicht mehr, habe ich irgendwo stehen. Aber dann ist er noch mal mit

Elke Erb, Scherbach, ca. 1940
(Foto: privat)

Ewald Erb mit Quincy, Elke, Ute und Gisela, Scherbach, ca. 1943
(Foto: privat)

seinem Verteidiger an den Stellungen entlanggegangen, da hat einer gesagt, der Erb, der ist ein guter Deutscher.

MR **Seine Kameraden haben ihm geholfen?**

EE Die haben Angst gehabt, dass sie dran sind, wenn sie gegen ihn aussagen. Wenn er ihretwegen stirbt, denn die Siegermächte waren schon ganz nah.

Dann wurde mein Vater wegen Mangel an Beweisen freigesprochen. Er hatte ein Riesenglück, er hätte sterben können. Dann geriet er in englische Kriegsgefangenschaft.

MR **Und kam bald wieder zurück?**

EE Bald? Weiß ich nicht.

Elke Erb, ca. 1946
(Fotos: privat)

Elke Erb als Jungpionierin in Halle, ca. 1950
(Foto: privat)

Jungpionierin

EE Guck dir mal meine hohe Stirn an auf diesem Foto. Das heißt: Was kommt da noch? Was ist da noch zu erwarten? Was kommt da noch?
Ein nettes liebliches Wesen sieht man da. Aber kein Gefühl, als ob da etwas dir entgegenkommt jetzt. Merkwürdig.

MR **Das bist du als Jungpionierin, ich wusste gar nicht, dass du bei den Pionieren warst.**

EE Ich hatte immer so eine Art Kritik in mir und irgendwas hat die anderen in der Schule dazu gebracht, mich als Freundschaftsratsvorsitzende zu wählen. Daran erinnere ich mich. Und dann bin ich von diesem Posten wieder zurückgetreten.

MR **Warum?**

EE Weil sich da nichts realisieren ließ.
Ich wollte etwas tun und konnte nicht. Wie wenn du auf einmal Rollschuhe kriegst und dich da draufstellen und fahren sollst. Aber sobald du losfahren willst, wirst du von hinten festgehalten, so dass du keinen Millimeter vorwärtskommst. Genauso war das bei den Jungpionieren. Mein Leben dort war nicht sehr ergiebig. Ich konnte nicht verwirklichen, was ich gedacht hatte, wofür ich gut wäre.

Elke Erb, Halle, ca. 1954
(Foto: privat)

Ich geh ja schon

EE Weißt du, was irre ist? Humor im Traum.

MR **Humor im Traum?**

EE Ja, ich sah einmal im Traum Halle, die Stadt, in der ich früher gelebt habe, aufgebaut wie im Mittelalter. Wie eines dieser Stadtmodelle in Museen. Jedes Haus einzeln aufgebaut. Die ganze Stadt. Und mittendrin geht ein Riese, die Häuschen gehen ihm bis an die Knöchel, und dieser Riese geht in der Stadt herum und sagt unablässig: Ich geh ja schon nach Hause, ich geh ja schon nach Hause, ich geh ja schon ...

Eingeschrieben in den Körper

MR **Im Dezember 1949 bis du mit deinen Eltern in die DDR übergesiedelt.**

EE Ja, wir kamen nach Halle, eine öde Stadt. Ich weiß noch, ich war müde, wollte schlafen, konnte aber nicht schlafen, stand vor dem Bett in der neuen Wohnung und sagte: Tisch, Stuhl, Beamter, Kreide – wupps liege ich da und schlafe, ein echter Zauberspruch.

MR **»Mich verlangte nach der Stadt wie nach der nächsten Wachstumsstufe: gesteigerter Betrieb, weitergeführte Tätigkeit«, schreibst du in *Kastanienallee*.**

EE In diesem Verlangen war kein Traum, das ist sehr wichtig. Die Aufnahme in die Nachkriegsstadt Halle enttäuschte infolge dieser Nüchternheit nicht. Aber sie setzte den Lebenstrieb der Elfjährigen um in ein sie umschließendes Massiv, dessen Ballast sie fortan zu tragen hatte und trug.

Meine Eltern sind in die DDR gegangen, weil sie am Aufbau des Sozialismus mitarbeiten wollten, aber sie haben dort nie so recht Fuß fassen können. Wegen seiner Kriegsgefangenschaft bei den Engländern galt mein Vater als »englisch«, das war nicht gut, weil in der DDR eine Clique regierte, die sich an Russland orientierte.

MR **Das hat ihn wahrscheinlich sehr enttäuscht?**

EE Absolut. Da konnte er nur noch an seiner Literaturgeschichte schreiben, dies empfand er halbwegs als Verurteilung.

Ich selbst habe später immer gern in den mittelalterlichen Literaturgeschichten gegraben. Im Ehrismann gelesen oder in der Literaturgeschichte meines Vaters.

Eigentlich sind meine Eltern ja in die DDR gegangen, um dort

Politik zu machen, aber dann ging das einfach nicht. Ach, das war scheiße mit der Partei, es gab immer Skandal mit ihr, immerzu Ärger.

MR **In Halle hast du die Grund- und die Oberschule besucht ...**

EE ... und mich zum ersten Mal verliebt. Ich weiß noch, er hieß Helmut und war ein Mitschüler, irgendwann Anfang der 1950er-Jahre. Helmut war schön und schwarzhaarig, ich war nicht unanfällig für ihn. Aber irgendwie galt ich nicht bei den anderen, ich war in der Pubertät ein Spätentwickler, aber die Erotik war da.

Ich hatte übrigens, nachdem wir nach Halle gekommen waren, meine Stimme verloren. Ich konnte nicht mehr schreien. Also bin ich zur Sprecherziehung gegangen, dort musste ich immer Brot kauen. Aber ich konnte meinen Freunden nicht einfach zurufen, wartet doch mal, ich komme gleich. Deshalb waren die immer ein Stück weit weg von mir. Aber das habe ich dann überwunden und besiegt.

MR **Warst du mit diesem Helmut jemals zusammen?**

EE Nein, mit dem nicht, aber mit anderen, na ja, dem einen oder anderen. Ich habe nicht verstanden, wieso man mit einem Mann stundenlang redet und dann nicht ins Bett geht. Ich habe das überhaupt nicht verstanden. Aber dafür mit einer sagenhaften Unschuld, wodurch sich die Männer gar nicht unbedingt bei mir im Bett einzufinden hatten. Ich war wirklich völlig unschuldig.

MR **Du hast einmal gesagt, dass in der Schule die Ausbildung in den Naturwissenschaften im Vordergrund stand und du für diese Erziehung ein »dankbares Objekt« gewesen seist, »frei von dem Widerstand einer sinnlichen Begabung (zur Malerei, zur Musik)«.**

EE Na, welcher Lehrer kann denn das, die Sinne entwickeln? Die sind doch selbst nicht so frei, dass sie mit den Sinnen leben.

MR **Wann wusstest du, dass du Schriftstellerin sein willst?**

EE In der Oberschule dachte ich zum ersten Mal, ich muss Dichter werden, dann werden sie sich um mich kümmern, weil sie sonst immer sagten, wir verstehen dich nicht.

Es war ziemlich arm in der Schule, sie haben mich nie richtig analysiert und erwarteten immer 08/15-Meldungen.

Elke Erb (zweite von rechts) auf dem Volksgut Iden in der Wische, ca. 1958 (Foto: privat)

MR **Und dann hast du angefangen, zu schreiben?**

EE Etwa in der 11. Klasse wurden meine Briefe plötzlich so wortfreundlich. Wortreich und redelustig. Da kam Ironie auf, eine Ironie, die mir den Mund öffnete ... Und auf einmal wurde es ganz leicht, zu schreiben.

Später habe ich mir dann gedacht, so, wo ist die Ironie denn nun hin? Plötzlich war sie wieder verschwunden, ging in den untersten Untergrund.

Aber ich habe festgestellt, dass sie seither ein Grundbestandteil sämtlicher Wortbildung in meinen Versen ist. Wie eine kleine durchgehende Spur von Befestigung, Realitätserhärtung durch Ironie. Eine sehr intensive und gleichzeitig schon wieder entthronte Ironie. Sonst will die ja gerne auch oben sein.

MR **1957 hast du begonnen, an der Martin-Luther-Universität in Halle Pädagogik, Geschichte und Deutsch zu studieren. Wolltest du Lehrerin werden?**

EE Ich wollte nicht Lehrerin werden. Das Studium war nicht ansprechend für mich. Es war ja alles nur ein Elend. Dann habe ich das Studium unterbrochen.

MR **Und bist 1958 zur Landarbeit auf das Volksgut Iden in der Wische. Was kann man sich darunter vorstellen?**

EE Ich hatte diese Scheißgeisteslebensverwaltung satt. Und dann sah ich abends im Bett immer so rauchgeschwärzte Häuser vor mir, weißt du, Lehmdächer und Lehmbauten. Ich wollte zu diesen rauchgeschwärzten Häusern. Das war das Bild, da wollte ich hin.

Ich wurde immer frei, wenn ich aufs Land gefahren bin. Schon auf dem Weg zum Bahnhof fühlte ich mich freier. Dann bin ich in einer Kneipe an die Theke, habe einen Pfefferminzschnaps verlangt und schon die Kartoffelfeuer vor mir gesehen.

MR **Du hast dich also zur Landarbeit verpflichtet? Ging das so einfach?**

EE Ja, das haben sie irgendwie anerkannt. Und dann kam ich für ein Jahr auf dieses Volksgut – flache Gegend, große Pappeln – und habe mit den anderen auf den Feldern gearbeitet. Die anderen waren bei der ABF, der Arbeiter-und-Bauern-Fakultät, und sollten dann zum Studium in die Sowjetunion. Das waren die Kinder von Funktionären.

Es war aber auch lustig. Als ich das erste Mal zu unserer Unterkunft kam, so einer Baracke, es war noch ziemlich früh, und irgendeine Tür aufmachte, da war das der Baderaum, und der war voller nackter Weiber, und alle waren mächtiger als ich.

MR **Das hat dich erschreckt?**

EE Es hat mich sehr verwundert. Und später steht da so ein Funktionärsvater in der Tür und sagt, der Mann, der unseren Kindern diese Geisteslöcher anzubieten wagt, heißt Becher. Er meinte Johannes R. Becher, den Minister für Kultur.

MR **Er hat den Kulturminister und Staatsdichter Becher kritisiert?**

EE Das waren höhere Funktionäre, die hat das nicht gejuckt. Die haben so gesprochen.

MR **Was hast du von Becher gehalten?**

EE Nichts. Von dem habe ich nur einen Vers im Kopf: »Kartoffeln schälend stellen Verse sich ein.«

MR **Was hast du auf dem Landgut gemacht?**

EE Ich habe bei der Ernte geholfen und Kartoffeln aus dem Boden geholt. Die anderen waren stundenlang im Kuhstall, und wenn sie zurückkamen, stanken sie immer ganz vehement.

In der Eifel hatte ich einmal ein wunderbares Erlebnis mit Kühen. Ich stehe da, ganz dünn und unterentwickelt, und da war so ein Kübel mit Wasser, zu dem die Kühe immer hingingen und das Wasser mit ihren großen Zungen in sich hineinschlappten.

Das hat mich sehr beeindruckt. Das war so richtig Fülle, weißt du. Und wenn ich dir das sage, spüre ich es sofort hier und spüre es da *(Sie zeigt auf verschiedene Stellen ihres Körpers)*. Das ist allerdings früher nicht so gewesen.

MR **Du spürst diese Erinnerung im Körper?**

EE Immer wieder. Das ist sehr interessant, dass du irgendwann unbewusst etwas aufnimmst – und viele Jahre später kann das auf einmal erscheinen.

Es ist eingeschrieben in den Körper. Der nimmt das freundlicherweise auf.

Ich habe den Verhältnissen gekündigt

MR **Nach der Arbeit auf dem Landgut bist du wieder zurück nach Halle und hast dort von 1959 bis 1963 Deutsch und Russisch studiert.**

EE Ja, vorher hatte ich ja Geschichte studiert, aber Geschichte war absolut falsch. Da hatten wir einen Typ, der hat eineinhalb Jahre lang nur über die Dreifelderwirtschaft doziert. Totale Langeweile. Aber mit Deutsch und Russisch konnte man nichts falsch machen.

MR **In dieser Zeit gab es die ersten Schreibversuche.**

EE Ja, aus meiner Unizeit gibt es ein Studienbuch. Und in meinem Stundenplan, bei diesen Kästchen, in denen die einzelnen Kurse und Fächer drinstehen, da habe ich die Ordnung noch übertrieben, indem ich in die leeren Kästchen »Selbstbeschäftigung« oder »Selbststudium« geschrieben habe, gewissermaßen als Auftrag an mich, dass ich mich selbst studiere.
Als ich dann mit dem Studium fertig war, habe ich mit einer Pädagogikprofessorin gesprochen, die fragte mich, was ich denn nun machen werde. Und dann habe ich ganz lange mit dem Fuß am Boden herumgescharrt, weil ich gar nicht Lehrerin werden wollte. Ich habe zwar noch mit der Referendarzeit angefangen, aber die dann geschmissen, weil mir klar wurde, das geht nicht, das kann ich nicht machen.

MR **Dann hast du 1963 beim Mitteldeutschen Verlag angefangen.**

EE Ja, ich war dort Volontärin und später Lektorin, habe das aber nicht ewig ausgehalten, weil das natürlich ein Parteiverlag war.

MR **Was war deine Aufgabe im Verlag?**

EE Ich habe Gutachten gemacht über eingereichte Texte. Einmal habe ich Wutanfälle bekommen, weil ich Bilder aufgehängt hatte, den ganzen Flur rauf, um die Atmosphäre zu beleben, und dann waren die Bilder plötzlich abgehängt – da habe ich ein großes Theater gemacht und alle Türen zugeschlagen. Ich weiß noch genau, wie das war, am Schreibtisch zu sitzen und den Kopf von sich abgesetzt zu fühlen. Ich bin nur noch ein Vorgang gewesen. Der Verlag hat mich krank gemacht mit seinen Blockierungen – die Menschen dort waren weder frei noch wirklich handlungsfähig.

MR 1965 hattest du einen psychischen Zusammenbruch.

EE Ja, da musste ich plötzlich immer stehenbleiben und bin auch hingefallen. Und die Verlagskollegen sagten zu mir: Isst du vielleicht nicht genug?
Ich weiß noch, wir kamen einmal zurück vom Mittagstisch und gingen zum Verlag. Und plötzlich ist vor dem Verlag ein Bild in der Luft. Und auf diesem Bild sind die Kollegen versammelt, und dem einen fehlt ein Arm und dem anderen ein Bein. Und mit ihren Arm- und Beinstümpfen winken sie mir zu. Da bin ich einfach stehengeblieben.

MR Das ist ja wie eine Vision.

EE Ja, ich bin gut in solchen Sachen. Ich habe halluzinative Kompetenzen, aus Westfalen, von der Großmutter her.

MR Das Bild hat dich so gefangen genommen, dass du auf der Straße stehengeblieben bist?

EE Ja, ich blieb einfach stehen, für eine lange Zeit, ich war völlig blockiert. Dann bin ich in die Nervenklinik und sagte zu denen: Ich habe den Verhältnissen gekündigt, sie waren falsch, es geht nicht mehr. Mit ganz nüchternem Geist.

MR Wie war es in der Klinik?

EE Freundlicherweise gab es dort keine Elektroschocks, aber wir mussten autogenes Training machen.
Der mich behandelnde Arzt oder Psychotherapeut war selbst ein bisschen gaga. Er hat mich vorgeladen, ich habe ihm ein bisschen was von mir erzählt, da sagte der wörtlich: Das ist wirklich alles sehr klinikreif. Und auf seinem Schreibtisch, unter einer Folie, lag eine Bachpartitur. Also etwas Heimat gefunden bei Bach. Aber wieso sagt er zu mir, das sei alles

sehr klinikreif? Da hatte ich mir schon etwas mehr erwartet. Aber wir hatten auch ziemlich viel zu lachen in der Klinik. Etwa beim autogenen Training. Da kannst du eine andere Bewusstseins- und Willensstufe erreichen, wodurch du völlig hart wirst. Und dann hatten wir eine Frau unter uns, die hing immer mit den Hacken auf der einen und mit dem Kopf auf der anderen Stuhlkante so komisch in der Luft und ist nicht runtergefallen. Das war schon sehr nett.

Dann gab es da eine Frau, die gab stundenlang Kinofilme wieder. Sie musste den vorgegebenen Text nacherzählen, aber niemand hörte ihr zu und sie hat dennoch ewig weitererzählt. Im Prinzip mache ich ja genau dasselbe, weißt du, ich höre, was in mir spricht und schreibe das auf.

MR **Und wie ging es nach der Entlassung aus der Klinik weiter?**

EE Bis zum Frühjahr 1966 war ich krankgeschrieben und dann, nach der Zeit in der Klinik, entschloss ich mich, freischaffend zu werden. Übrigens mit monatelangem Herzklopfen.

Ich erinnere mich noch, ich sitze bei den Eltern und gucke fern und mein Herz schlägt ganz schnell. Der Entschluss kam fast automatisch. Ich habe mich gar nicht gefragt, ob ich mir das zutrauen kann, das hilft in einem solchen Fall ja auch nichts.

Elke Erb, ca. 1968
(Foto: Roger Melis)

Der Mensch kommt aus dem Wasser

EE »Ohne Wasser, merkt euch das, wär' uns're Welt ein leeres Fass.«

MR **Ist das eine Zeile von dir?**

EE Nein, das singt der Wasserträger in dem Lied von Isaak Ossipowitsch Dunajewski.

Weißt du, das Wassermotiv hat mich immer sehr interessiert. Warum, weiß ich nicht. Aber ich habe wahrscheinlich menschheitsgeschichtlich recht damit, weil wir ursprünglich aus dem Wasser gekommen sind, früher einmal Fische waren, also aus einer Wasserexistenz ableitbar sind.

Der Mensch kommt aus dem Wasser. Wäre er mal besser dringeblieben.

Ich hatte meine Hand im Huhn

MR **Seit wann führst du Tagebuch?**

EE Seit dem 25. Dezember 1968. Es beginnt sehr nett: »Ich hatte meine Hand im Huhn.«

MR **Ich hatte meine Hand im Huhn?**

EE Nun, ich hatte ein Huhn gekauft und die Innereien herausgeholt – das war mein erster Tagebuchsatz.
Die Tagebucheintragungen sind schnelle Notizen – Notizen, bei denen ich mich sehr beeile, um den Denkansatz nicht zu verlieren. Sehr viele meiner Texte sind Folgen von Tagebuchnotizen, und dann treibt der Text vom ersten Ansatz her aus, treibt immer weiter aus.

MR **Die Tagebücher sind also wie ein großer Speicher, aus dem du dir immer wieder Wörter, Sätze oder einzelne Passagen holst?**

EE Das habe ich anfangs noch nicht gemacht, erst später. Ich habe viele meiner Tagebücher immer wieder abgeschrieben, das hat mir gutgetan. Jenseits allen Ehrgeizes habe ich mich beim Abschreiben meiner Texte an mir selbst erholt. Das war ein Effekt, den ich nicht erwartet hatte.

MR **Was findet Eingang in die Tagebücher?**

EE Ich schreibe alles auf, weil man die Konturen des Erlebten sonst wieder vergisst. Ich sammle die Konturen und forme sie auf. Forme sie auf wie eine Perspektive, eine Art Horizont, dem ich dann folge.

MR **Und was holst du aus den Tagebüchern wieder heraus?**

EE Aus den Tagebüchern hole ich mir etwas, das gar nicht beabsichtigt hatte, ein Gedicht zu werden. Was sehr wichtig ist. Andere schreiben absichtlich ein Sonett. Das kommt bei mir nicht vor. Weil es für mich keinen Sinn hat, mich mit außerhalb von mir existierenden Strukturen abzugeben. Das hängt wohl auch mit meinen Erfahrungen in der DDR-Gesellschaft zusammen. Es war ja damals so, dass ich dachte: Der Sozialismus, wir schaffen das hier nicht. Und wenn du nachschauen willst, warum denn nicht, kannst du erst mal nur deine eigenen Voraussetzungen prüfen. Da liegt der Braten, und du nimmst jetzt die Gaben. So ungefähr.

MR **Was verstehst du unter »eigenen Voraussetzungen«?**

EE Ich frage mich immer: Was hat gewirkt in meinem Leben? Was läuft da ab die ganze Zeit? Was ist schon herausgekommen, und was noch immer verborgen? Es kann Ansätze in einem Menschen geben, die sehr lange brauchen, bis sie sich manifestieren. Feinste Impulse, kleinste Aktionen, schwer zu verbalisieren. Eigentlich unsagbar, aber natürlich viel interessanter als die gewöhnlichen Ansätze, die ausgesprochenen.

MR **Kannst du mir dafür ein Beispiel nennen?**

EE In meinem Buch *Sonnenklar* (2015) habe ich allerhand aufgenommen aus den alten Tagebüchern und aus meiner Ablagemappe. Texte, von denen ich früher nichts gehalten habe. Mein Poesie-Verständnis habe ich also erweitert. Ein Gedicht war sogar gereimt, es war politisch aggressiv und vielleicht gerade deshalb gereimt. Wir, meinesgleichen, reimten sonst nicht. Hier ist ein Gedicht aus *Sonnenklar*, es beruht auf einem Tagebuchtext von 1982:

> *Ich glaube das, was man mir sagt.*
>
> Und nichts, worin eine Warnung ist.
>
> Ich glaube das Gute und das Belanglose,
> denn es ist ungefährlich.
>
> Das Gefährliche und Böse glaube ich nicht.
>
> Wegweisern glaube ich nicht.
>
> Ich glaube einem Berg nicht, dass er ein Weg ist.

> Und Schwierigkeiten nicht.
>
> Personen, die warnen wollen, glaube ich nicht.
> Ich glaube ihrem Himmel und ihrer Hölle nicht.
>
> Von allem, was stimmt, glaube ich, daß es stimmt.
>
> Allem, was stimmt, glaube ich aufs Wort.
>
> Ich bin gehorsam und taub.
> Ich höre taub.

Das alles sage ich ganz wahrheitsgetreu. Trotz der Pointe. Inzwischen bin ich auch misstrauisch gegen Pointen: Sie sollen dem Text gehören und nicht nach außen gehen, effekthascherisch sein. Wenn sie aber beides leisten, dann ist es doch eine Freude, denke ich gerade.
Mit einem gewissen Zweifel wiederum.

Die Gesänge der Pessimisten

MR Du hast einmal gesagt: Ich kann die Gesänge der Pessimisten nicht ertragen.

EE Ja.

MR **Du warst nie pessimistisch?**

EE Lohnt sich doch nicht, oder? Was kommt denn dabei raus?

MR **Melancholiker sind mir verdächtig, sagst du, das sind Schmarotzer des Lebens.**

EE Ja, weil die Melancholiker trauern, anstatt zu tun. Sie suchen nur nach Belegen für ihre Abwesenheit von allem.

Ein ganz anderer Mensch

EE Ich wundere mich oft, dass ich so ein Gedächtnis habe – ein Gedächtnis wie ein Notar.
Da gab es zum Beispiel einen Künstler in der DDR, der mich sehr beeindruckt hat, sein Name ist Carlfriedrich Claus.
Er hat diese tollen Sprachblätter gemacht und nachts im Wald Experimente mit seiner Stimme.

MR **Was hat dich an ihm so fasziniert?**

EE Von Carlfriedrich Claus ging eine große Abwesenheit aus, eine Abwesenheit von aller Aggressivität.

MR **Habt ihr euch gut gekannt?**

EE Wir haben uns gar nicht gekannt. Das habe ich einfach so empfunden, intuitiv.
Ich hatte viele Jahre ein Foto von ihm hier an der Wand hängen.

MR **Weil er dich so beeindruckt hat?**

EE Weil er so ein ganz anderer Mensch war als alle anderen.

Die Dichter wohnen in den Jahrhunderten

MR **1966 bist du nach Berlin gegangen.**

EE Ich bin in einem Dorf am Stadtrand von Berlin auf einen Dachboden gezogen, den hatte man ein bisschen eingerichtet mit einem Bett und einem Tisch und einem Sofa.
Gegenüber war eine kleine Straße mit einem grauen Haus, in dem lebte eine Frau, die hatte dort während des Krieges Juden verborgen. Darüber habe ich einen Text gemacht. Und dann meinte einer, ich hätte das erfunden. Das musst du dir mal vorstellen! Ich habe so was nie erfunden, ich habe es immer genau so aufgeschrieben, wie es war.

MR **Von was hast du in dieser Zeit gelebt?**

EE Ich habe mich erst mal als Rezensentin versucht, und wieder Gutachten verfasst – über russische Dramatik und Belletristik, für einen Verlag, in dem eine Freundin von mir arbeitete.
Ich habe Kontakt zu verschiedenen Autoren aufgenommen und Erich Arendt, Karl Mickel und Fritz Mierau kennengelernt. Arendt war Spanienkämpfer, Emigrant nach Südamerika, und später in der DDR genauso politisch an den Rand gedrängt wie mein Vater. Mickel war ein Garant für ordentliche Arbeit, für gute Arbeit. Wir waren lange befreundet. Kurz bevor er starb, hat er mich angerufen und ich habe ihn noch einmal besucht. Da sagte er zu mir: Der Wein, der muss nun getrunken werden. Mickel hatte Krebs. Das war wirklich eine tapfere Generation.

MR **1967 hast du Adolf Endler kennengelernt.**

EE Ich habe ihn mal besucht. Autor ist Autor, da kann man doch mal hingehen, nicht?

MR **Ihr habt euch ineinander verliebt.**

EE Ja, das war richtige Liebe, das war irre.
Aber Endler war noch mit einer anderen Frau verheiratet und kam und kam nicht wieder. Da ging ich in dieses Dorf, wo er wohnte, und als keiner die Tür aufmachte, bin ich mit der Faust durch das Fenster geschossen, irgendwie in das Haus rein und habe Rabatz gemacht. Endler war da und lag mit dieser Frau im Bett. Ich weiß noch, dass ich ihren Körper fühlte. Da habe ich ihn da liegen gelassen und bin wieder nach Hause gewandert. Einige Zeit später haben sie sich getrennt.
Aber die Hauptsache war, dass der Endler so kleine Stirnhöcker hatte, da habe ich immer drübergestrichen, so geschah die Bindung. Man kommt da vom Hundertsten ins Tausendste, nämlich: Die kleinen Stirnhöcker rechts und links siegten, weil lange vor ihnen in unserem Haus in der Eifel ein Nest mit Kätzchen auf dem Dachboden war. Ich stieg die Leiter zum Heuboden hinauf, um die Kätzchen zu streicheln, dann fiel mir ein, sie mit nach unten zu nehmen. In einem Kellerraum hatten wir Liegestühle, ich klappte einen von ihnen auf, holte die Kätzchen, legte mich in den Liegestuhl, die Kätzchen auf mich drauf, und streichelte die kleinen, runden Schädelchen innig der Reihe nach. So verband sich dann innig mit innig.
Später, ich lebte also auf meinem Dachboden, da hörte ich einen Plumps und wusste, jetzt kommt der Endler zu mir. Er ist immer über den Zaun gesprungen, wenn die Pforte verschlossen war. Und dann haben wir versucht, zusammenzuleben.

MR **Habt ihr auch zusammengearbeitet?**

EE Wir haben für das Kindertheater und die Puppenbühne gearbeitet, und für das Theater der Freundschaft ein Kinderstück gemacht, das war eine sehr schöne Aufführung. Mich hat allerdings gestört, dass die Schauspieler nur in Rollen auftreten und nicht die ganze Zeit auf der Bühne sind.
Puppenspiel fand ich schon immer ganz toll. Ich bin einmal fast vor Freude gestorben, als sich eine Puppe ganz sanft auf einem Stuhl niedergelassen hat. Das war wie die direkte Fortsetzung des Lebens, da habe ich geweint vor Entzücken.

MR **1970 bist du das erste Mal in Wuischke gewesen?**

EE Ja, dort haben Endler und ich ein altes Mühlenhaus gekauft, für 1.700 Mark. Diesen Betrag verbrauchten andere im Urlaub am Plattensee, so viel war mir noch klar. In Wuischke habe ich von da an immer den Sommer verbracht, von April oder Mai bis September, Oktober. Früher in der alten Mühle, und jetzt in einem anderen Haus, weiter oben am Berg.
Endler und ich lebten damals in einem Berliner Hinterhaus. Aber das hältst du nicht lange aus als Schriftsteller, wenn du da Tag um Tag sitzt und arbeitest. Du bist ja sehr in Aktivität genommen mit der Arbeit, aber immer im Sitzen und immer der Blick auf eine Wand ...
Ich war ziemlich nervös in diesem Hinterhofhaus, wir lebten im vierten Stock und der ganze Lärm verstärkte sich nach oben. Wenn unten jemand ein Bad nahm, hast du das bei uns ganz laut gehört. Ich wurde wirklich hysterisch. Diese neue Herausforderung, das Schreiben, das hat mich so hochgezogen und hochgeputscht, dass ich den ganzen Lärm um mich nicht mehr ertrug.
Da hat uns ein guter Freund, der Kito Lorenc, von der »grünen Lausitz« erzählt. Und plötzlich stand dieses Wort bei mir ganz hell zwischen den Schulterblättern, und ich wusste, da will ich hin.

MR **Und dann habt Ihr das alte Mühlenhaus renoviert.**

EE Wir haben gar nichts renoviert. Wir waren Städter und Dummköpfe, wie sollten wir etwas renovieren können. Wir haben das Haus eben so genommen, wie es war.

MR **Ein Jahr später, 1971, kam euer Sohn Konrad auf die Welt.**

EE Ja, und ich hatte manchmal ein schlechtes Gewissen, dass ich mich wegen meiner Arbeit zu wenig um ihn kümmere. Das Schreiben ist ja auch wie ein Kind, eigentlich wie viele Kinder.

MR **Hat dir Konrad das nachgetragen, dass du nicht genügend Zeit für ihn hattest?**

EE Das weiß ich nicht. Das weiß man bei Kindern ja nie.
Ich glaube auch nicht, dass ich übertrieben mütterlich bin. Als Konrad ein Kind war und mal über ein Mäuerchen lief, hielt ich meine Hand immer so weit weg von ihm, dass er sie

nicht halten konnte, ich aber schnell nach ihm greifen hätte können, wenn er gestrauchelt wäre.

MR **Du wolltest ihn loslassen, aber auch beschützen.**

EE Weißt du, ich wollte mich ihm nicht aufdrängen, ihn nicht mit aller Gewalt behüten. Irgendwie so etwas. Ich wollte, dass das Kind das alleine macht.

Ich habe mir auch versagt, mir Sorgen zu machen, wenn er ewig nicht nach Hause kam. Und dann klingelte es plötzlich, und er stand wieder vor der Tür.

MR **Nicht einfach – das mit dem Loslassen und Beschützen.**

EE Ich weiß noch, wie ich Konrad als Baby gewickelt, ihm die Windeln gewechselt habe – da geht mein Blick so an ihm runter, ich sehe die kleinen Zehen und denke mir, na hoffentlich ist er bald sechs Wochen alt.

Offenbar spürte ich dann aber auch, dass das ein sonderbarer Gedanke ist, sonst hätte ich mir das doch gar nicht gemerkt, denn das Generelle ist doch, dass Mütter ihr Kind möglichst lange als Kind behalten wollen.

MR **Du warst keine ganz typische Mutter.**

EE Nein, wir waren leider auch immer relativ arm, das heißt, ich habe viele Anziehsachen selber genäht, und wenn ich mal was für uns gekauft habe, dann war das meistens total geschmacklos. Es ist so gewesen.

Aber Konrad war ein toller Junge. Als er etwas größer war, da hatte er einen Roller, mit dem fuhr er immer in seinem Kinderzimmer herum und sagte mal zu mir: Na, wo wohnst du denn, du Friedhofswärter? Solche Sachen fielen ihm immer wieder ein.

MR **1975 ist dein erstes Buch, *Gutachten. Poesie und Prosa*, im Aufbau-Verlag erschienen. Wie waren die Reaktionen darauf?**

EE Es gab kaum welche. Vielleicht von ein paar Freunden. Keine von anderen Autoren. Ich hatte immer das Gefühl, dass die untereinander viel mehr verbunden waren als mit mir.

MR **In *Gutachten* gibt es eine »Nachbemerkung« von Sarah Kirsch, die für einen Erstling geradezu hymnisch ist. Sie schreibt: »Ich kann dieses Buch den Lesern nur sehr empfehlen, und**

Elke Erb und Sohn Konrad, Berlin, 1971
(Foto: privat)

Sarah Kirsch zu Besuch bei Elke Erb in Wuischke, August 1972
(Foto: privat)

ihnen versichern, dass sie eines erworben haben, das berühmt werden wird.«

EE Ach, berühmt werden. Guck mal, das sind so Nebenbei-Empfindungen. Was ist das überhaupt, Berühmtwerden? Das Buch ist dann auch gar nicht berühmt geworden.

MR **Sarah Kirsch muss dich sehr geschätzt haben. Sie wollte deinem Buch wohl etwas Rückenwind geben.**

EE Sarah akzeptierte und schätzte mich. Ihre Texte hatten so etwas »Stimmiges«. Aber dieses Wort sagt es nicht richtig. Ich war ja bei ihr im Westen. Da sah ich ihre Gartenbeete. Sie konnten mir erzählen von Sarahs Vers-Setzungen. Oder umgekehrt, sah ich die Gartenbeete von ihren Versen her?
Sarahs Gedichte fügten sich immer zu einem harmonischen Beet, wenn auch mit überraschenden Wegen und Fruchtfolgen. Sie gab dem allzu Wohlgefälligen immer auch einen kleinen Fußtritt. Ich spüre das richtig vorne in den Zehen. Ihre Gedichte haben die Formfestigkeit von einem Schuh. Sarah hatte diese feine, kleine ... wie nennt man das? ... solide Ironie.
Ich habe auch einen Auswahlband in zwei Auflagen von ihr herausgegeben. Im Nachwort von *Musik auf dem Wasser*, 1977 erschienen, heißt es: »(da ist) eine öffentliche Sprache, die man spricht, wenn man (ich gebe ein Bild von vielen aus dem Leben) die Betten beziehend, sich unterhält – Öffentlichkeit von Gesicht zu Gesicht.« Intim? Real? Konkret? »In dem weiten offenen Land zwischen Flüstern und ›Wortmeldung‹. Es kann [...] von einem trotz des Krieges im Frieden gebildeten und – wie mir scheint – unzerstörbaren Ich keine unpolitischen Gedichte geben, solange die Kommune lebt.«
Die Auswahl ist bei Reclam Leipzig erschienen, obwohl Sarah da schon im Westen war. Und der Verlag gab dann noch eine zweite Auflage heraus, erweitert um Gedichte aus Bänden wie *Drachensteigen* (1979), *Katzenleben* (1984) und *irrstern* (1987). Bravo, nicht wahr? Und schickte mich hin zu ihr. Mein zweites Nachwort ist überschrieben mit *12 Jahre später*. Und was die Kommune betrifft: Ich meinte damit nicht den Sozialismus, sondern die trotz des angeblichen »Sozialismus« weiterlebende

Kommune. Und als ich von Sarah wieder wegfuhr, dachte ich, auch die Perspektive »Sozialismus« – trotz der Erfahrung in und mit der DDR – hat einen Anteil an ihrer Haltung.

MR **Du willst sie und ihre Texte nicht kritisieren.**

EE Nein.

MR **Aber deine Welt ist eine andere Welt.**

EE Wohl. Nachher gab es dann auch Missverständnisse zwischen uns. Sarah war ja rübergegangen. Und nach der Wende kam sie wieder und ich habe begriffen, dass die, die weggegangen sind, mit der Mauer im Herzen weggegangen sind. Während die, die hiergeblieben sind, das irgendwie überwunden haben. Die Generation um Bert Papenfuß zum Beispiel, das war ganz eindeutig. Ich weiß noch, wie ich da stand, denen beim Tanzen zugeguckt habe und dachte: Der, der hier weggeht, das muss aber ein Idiot sein.

MR **Weil diese Generation...**

EE ... so ergiebig war. Wenn du denen zugucktest, das war so lebhaft. Das war nicht lebhaft, das ist ein Scheißwort, es war einfach ergiebig! Die Musik war wie Metall und es war so eine prickelnde Energie in der Luft. Man konnte unentwegt zugucken. Wobei das auch auf meiner Seite ein ganz spezieller Moment war, wo es auf einmal anfing mit mir. Ich weiß noch, ich fuhr damals mit dem Zug an einem Wald vorbei, ich sah den Wald, ich sah die Bäume, und ich konnte eine Baumreihe vor einem Wald plötzlich als seelische Veranstaltung auffassen. Das hat damals begonnen.

MR **Noch einmal zurück zu *Gutachten* – in deinem Debütband findet sich auch dieses wunderbare Gedicht:**

> *Die Dichter wohnen in den Jahrhunderten*
>
> Die Dichter wohnen in den Jahrhunderten,
> Dieser in jenem, jener in diesem, einer lappt über,
> Der andere mittendrin wie der andere, der auch
> mittendrin wohnt.

Schön und gut. Endler erstreckt sich von 30 bis 90 in seinem.
Sonst wohnen auch die Dichter in Wohnungen wie dieser,
Die z. B. der Endler besitzt, Quartierchen fünfter Stock,
Badlos, Hinterhaus, Außenklo, aber mit Sonne.
Wenn der Dichter Endler seinen Kopf zum Fenster
rausstreckt,
Sieht er nach, ob die Müllkübel leer sind.

EE Dieses Poem war offen ironisch. Mit dem Dichter Adolf Endler, der von oben schaut, ob die Müllkübel leer sind. Das war meine Antwort auf den damals von der Literatur geforderten Gesellschaftsbezug.

Aber oh weh, »Endler erstreckt sich von 30 bis 90 in seinem«, da hatte ich dauernd Gewissensbisse, weil ich ihm nicht mehr Leben gegeben habe als diese 60 Jahre.

MR **Wie kamst du denn darauf?**

EE Naja, das ist schwer zu beantworten, es war einfach ein Gefühl. Und das Gefühl ist keine Instanz von Unklarheit oder Verschwommenheit, sondern es ist sehr genau. Endler hat immer so starken Tee getrunken, viel geraucht und auch viel getrunken, er war ein richtiger Quartalssäufer. Dazu gab es übrigens das tröstliche Wort: Die Proletarier saufen sich ihre Neurosen weg.

Aber glücklicherweise ist Endler dann doch 78 Jahre alt geworden.

MR **Also brauchst du dir keine Sorgen machen, du hättest ihm mit deinem Gedicht was hingehext.**

EE Nein. Ich dachte nur, wenn ich diese Voraussage mache, dann ist das irgendwie nicht recht.

Vorausgegangen aber war, ich erinnere mich dunkel, eine öffentliche Anrede an Endler von Heinz Czechowski: »Öffne dein Fenster«. Einen ähnlichen Sinn hatte eine propagandistische Bemerkung im Ausweis des Schriftstellerverbandes, wir hätten zu schreiben im Zusammenhang mit dem Leben des Volkes, oder so ähnlich.

Geschrieben habe ich *Die Dichter wohnen in den Jahrhunderten* für eine spezielle Versammlung von Schriftstellern, an der ich nicht teilnehmen konnte. Es hatte wohl eine gewisse Meuterei im Verband gegeben und die Versammlung sollte das klären.
Und das mit den »Jahrhunderten« ist eine Spitze gegen all die Funktionäre, die in keinem Lexikon überleben werden.

Elke Erb: *Gutachten – Poesie und Prosa*
(Aufbau-Verlag, Berlin und Weimar), 1975

Wenn man mich fressen will

MR **Liest du Rezensionen über deine Bücher?**

EE Selbstverständlich lese ich die, wenn ich sie finde. Eine in der DDR hat mir mal gefallen. Darin stand: »Da hackt sie sich die Beine ab, bloß um zu sehen« – oder »zu zeigen«, das weiß ich nicht mehr –, »wie gut man hacken kann«.
Das ist gar nicht so schlecht, oder? Diese Zusammenfassung war 'ne echte Leistung von dem, der das geschrieben hat.

MR **So eine Kritik verletzt dich nicht?**

EE Ach was. Wenn man mich fressen will, muss man aber auch meine Knochen abnagen.

Adolf Endler, Konrad Endler und Elke Erb,
Wuischke, August 1972 (Foto: privat)

Warum kann ich einfach nicht einfacher sein?

MR 1976 ist beim Wagenbach Verlag unter dem Titel *Einer schreit: Nicht!* eine erweiterte Neuauflage von *Gutachten* erschienen. Unter anderem mit dem Text *Unterholz*. Er handelt von einigen Jungen, die mit Holzstücken als Gewehr-Ersatz aufeinander zielen. Ein Junge rennt quer durch den Wald auf sie zu und ruft: »Nicht!«.
Ein pazifistischer Appell, gerade in Verbindung mit dem Buchtitel. Gab es darauf eine Reaktion?

EE Nein, überhaupt nicht. Guck mal, wieso sollten die sich denn mit mir beschäftigen? Damals in der DDR meinte eine Genossin zu meinen ersten beiden Büchern: Was ist denn das, das ist doch nur Alltag, weiter nichts.

MR Weil du eine andere Sprache verwendet hast, weil du nicht angedockt hast an die Begriffe, die sie damals verwendet haben?

EE Natürlich, ich hatte ja auch keine Lust darauf. Es hat keinen Sinn, sich mit Dingen zu beschäftigen, auf die man keinen Einfluss hat. In Staatsgeschäfte einzudringen. Nur wenn es etwas ist, was das Hirn umdreht, dann muss ich produktiv werden.

MR Vielleicht war das ja eine Form des Widerstands für dich in der DDR, einfach stur deine Sache weiterzumachen?

EE Also die Sturheit ist doch auf der anderen Seite gewesen. Sich so abzukapseln. Und dann dieser kleinmütige Ehrgeiz, dieses Ein-bisschen-Aufsteiger-Sein.
Bei mir ist keinerlei Sturheit. Bei mir ist das etwas anderes.

MR Ein Beharren auf dem eigenen Weg?

EE Ich kann doch gar nicht anders. Ich habe doch überhaupt keine Wahl! Wenn ich jetzt etwas anderes machen würde als das, was ich gut finde, dann kann ich mich doch vergessen.

Elke Erb: *Einer schreit: Nicht! – Geschichten und Gedichte*
(Verlag Klaus Wagenbach, Berlin), 1976

Ich dachte immer nur, ich muss untersuchen, was mich bestimmt.
Ein Gedicht ist ja kein Appell. Ein Appell kann freilich als Gedicht geschrieben sein. Wird ihm guttun, dem Appell. Eine Art Anmut zu bekommen, etwas, das hinter dem Verlautbarten wirkt. Ein Gedicht wird nicht als Appell geschrieben, obwohl es wirken kann wie ein Appell. Was tut ein Appell? Er hat ein bestimmtes Thema und trompetet es hinaus. Wenn ein Gedicht wirkt wie ein Appell, geschieht das ganz von selbst, du siehst etwas dank ihm ... Schon überhaupt eine Harmonie in Worten zu erleben, befreit dich und damit auch deine Kommunikation.
In diesen Zusammenhang gehört auch das Wort »Widerstand«.
In seiner religiösen Form: Das ist der Teufel, widerstehe!
In seiner politischen Form: Ordne dich nicht unter, widerstehe!
Aber etwas muss erst mal die Macht haben, dich zu unterwerfen. Etwa so: Gib dem Teufel, was des Teufels ist. Und gib dem Kaiser, was des Kaisers ist. Dann sei du mal du. Nein, das geht doch nicht, oder?
Auch aus dem eigenen Ich kommen Unterjochungen, da muss man, möchte man sich, kann man sich, wenn es gelingt, befreien. Die verschiedenen Gradabstufungen kennt man ja.
Vom Westen her kam man uns immer mit dem Wort »subversiv«. Man erwartete von uns, subversiv zu sein. Als hätten wir im Widerstand gegen das von der Regierung Verlautbarte zu schreiben. Gegen diesen amorphen Haufen epigonaler Losungen.

> Ideologen logen, Knochen oder Schuppen, Rosen-
> Lose, katholisch erzogen, dann Rote, zeitfremd,
> bestohlen, Geweih und Gesträuch.

Das habe ich 2000 in *Sachverstand* geschrieben. Mit »Rote« sind übrigens meine Eltern gemeint.

MR **Sich von den Unterjochungen im eigenen Ich befreien?**

EE Ach, ach, ach, oh, oh, oh. Du hast doch den eigenen Besetzungen zu entkommen. Ohne das Kind mit dem Bade auszuschütten, natürlich. Was in dir ist, ist ja Gemeingut. Faulheit lässt es verkommen, passiv Unterwürfigkeit und aktiv Karrierismus lassen es verkommen.
»Verkommen« ist übrigens ein hübsches Wort, so für sich genommen. Mit »irregehen« ist es um einen Grad bekömmlicher. Wir hatten ja keine Illusionen mehr, damals in der DDR. Die Mauer galt nicht mehr für uns.
Aber wie Sarah sich freute, als die Mauer fiel. Ich fuhr mit dem Rad zum Druckhaus Galrev, dem nach der Wende gegründeten Verlag der Prenzlauer-Berg-Autoren, und dachte während eines Tritts auf die Pedale: Sie, Sarah Kirsch und die anderen, sind mit der Mauer in sich fortgegangen. Wir hatten die Mauer abgebaut – in uns.
Wir Dichter säßen im elfenbeinernen Turm, hatten die Genossen immer gesagt. Sie selbst aber waren korrupt und unselbständig, auch leidend, un- und kontraproduktiv.
Heiner Müller war im Westen gewesen und hatte über die DDR geäußert: »Älteres kommunistisches Liebespaar sitzt auf der Parkbank und singt ältere kommunistische Lieder.«
Aber die Jüngeren in der DDR sangen: »Osten erglüht, China ist jung. Rote Sonne grüßt Mao Tse-tung«. Das hörte ich im Radio beim Kartoffelschälen. Tja, »Kartoffeln schälend stellen Verse sich ein«, hat ja einer unserer Staatsdichter einmal gesagt. Und im Fernsehen meinte der verzweifelt aus dem Verkommenen weggegangene Thomas Brasch: »Immerhin haben sie die Kapitalisten enteignet. Aber Eigentum musste es ja bleiben, so hieß es dann ›Volkseigentum‹, paradox, aber reizlos.«

MR Meine Lieblingsgeschichte in *Einer schreit: Nicht!* ist *Wie man wohnt*. Dort heißt es: »Das Badezimmer ließ uns nicht ein, hatte sich eingeschlossen. Jetzt frisst es wieder meine Kosmetika auf, dachte ich und ärgerte mich. Wir sah'n zum Klosett, es machte sich Spaß, ließ das Becken volllaufen, zog dann, rauschte, wartete vergnügt, rauschte, man erschrak jedes Mal heftig. Wie leid taten mir aber die Menschen solcher Unordnung halber.«

EE Das war grotesk und lustig, damals. Aber es steckte auch ein großes Moment Trauer darin.
Nachher wurde es noch viel schlimmer. Nach der Veröffentlichung von *Vexierbild* (1983) dachte ich, mein Gott, das Buch ist ja voller Unglück. Wem kannst du das denn geben? Mein rettender Gedanke war: Wenn das jetzt jemand liest und sieht, aha, da war schon mal jemand tief drin in dem ganzen Elend, das kann doch auch gut und heilsam sein.

MR **Ich musste bei *Wie man wohnt* an Franz Kafka denken, auch in seinen Texten sind der Schrecken und das Lachen kaum voneinander zu trennen.**
Am Ende deiner Geschichte aber gibt es eine wundersame Wendung. Die Erzählerin sagt zu ihren Gästen: »Lieb, daß ihr gekommen seid (...) Nehmt nur mein Fahrrad, gell? Es findet schon allein wieder her.«
Damit nimmst du den Leser an die Hand und spendest ihm Trost. Nachdem du vorher die ganze Welt aus den Angeln hast springen lassen. Ich mag diese Geschichte sehr.

EE Hmm ... Humor ist es nicht, die Bilder stimmen eben. Das sind reale, sehr genaue Bilder, aber nicht im Bewusstsein, sondern im Gefühl ... verstehst du, was ich meine? Das ist mehr als nur eine präzise Sprache. Das sind eins zu eins meine Regungen. In Wirklichkeit bin ich da ja völlig realistisch. Wohingegen die, die behaupten, sie schreiben realistisch, nur brutal vereinfachen. Diese Regungen sind die Realität. Dauernd huscht uns etwas durch den Kopf. Und ist nicht aufzuhalten.

MR **»Was ist die Zeit bei einem, der Körbe flicht – des Teufels Großmutter, die Mutter Gottes, der Korbflechter selbst?« heißt es in deiner Geschichte *Was ist die Zeit* in *Einer schreit: Nicht!***

EE Ach, die Zeit. Willst du jetzt meinen, die Stunde zwischen neun Uhr und zehn Uhr sei irgendwas? Die Zeit spielt doch vor allem im Seelischen, da möchte ich sie konkret machen. Sonst kannst du sie doch überhaupt nicht fassen.
Ich habe irgendwann gemerkt, dass ich immer in Räumen gedacht habe. In dem Buch *Winkelzüge oder Nicht vermutete, aufschlussreiche Verhältnisse* von 1991 gab es so einen

Umschwung, denn das Leben ist ja nicht die Zeit, sondern eine Figur in der Zeit.

MR Viele deiner Texte sind ganz genau datiert.

EE Ich habe, ich weiß nicht mehr genau wann, angefangen, die Entstehungsdaten der Gedichte anzugeben.

MR Warum?

EE Das ist wohl so etwas wie ein Aberglaube. Manchmal habe ich sogar die Uhrzeit angegeben. Dann kann man einiges nachvollziehen. Etwa ob ein Text spätnachts entstanden ist, oder zwei Texte an einem Tag, oder längere Zeit gar nichts.

MR In *Einer schreit: Nicht!* findet sich auch die Geschichte *Mein Galgen* mit dem entwaffnenden Schlusssatz: »[...] warum kann ich einfach nicht einfacher sein.«

EE Das ist jetzt ein Satz, wo mir fast die Tränen kommen.

MR Oh.

EE Ja, mir ist damals ewig angehängt worden, ich sei unverständlich. Aber ich bitte dich, sind denn die anderen verständlich? Ist denn so ein Zettel, wie man mit dem Dampfbügeleisen umgeht, so eine Gebrauchsanweisung, ist die denn verständlich? Ich habe eigentlich nie verstanden, was die Leute von mir wollen. Ich finde das sehr traurig.

MR Hat dich dieses Unverständnis verletzt?

EE Nicht verletzt, es war eher betrüblich. Warum kann ich einfach nicht einfacher sein? Das ist schon nicht ganz ohne. Aber weißt du, wie ich das jetzt verstehe? Nicht mehr als einen Schmerz, sondern als eine Notwendigkeit. Ich arbeite ja an einer neuen Art von Text, einer neuen Art von Reden. Ganz eindeutig. Man könnte jetzt versuchen, das zu klassifizieren in mir. Das irgendwie zu greifen, um zu sehen, wo andere unterwegs sind. Andere, die auch an diesem Punkt bohren.

MR An wen denkst du da?

EE Bei Ann Cotten könnte das so sein – zwar mit einer anderen Sprache, aber von der Denkbewegung, von der Suchbewegung her vergleichbar. Oder Monika Rinck. Bei beiden spüre ich dieses frei bewegliche Denken, das einen mitnimmt zu ganz neuen Ufern, in ganz neue Räume.

MR Meine Lieblingszeile in *Einer schreit: Nicht!* stammt aus dem Gedicht *Tagebuch vom siebenten ersten* und lautet: »Frettchen sich zu halten als Umgebung, warum nicht?«.
Wie kamst du auf diese Zeile? Ich finde die unglaublich.

EE Meinst du? Dabei ist die Erklärung für diese Zeile ganz einfach. Als ich ein Kind war, hatten wir Kaninchen. Und gegen die Mäuse hat man Frettchen in die Kaninchenställe getan.

MR Aber diese Zeile klingt auch frech und aufrührerisch für mich.

EE Ja, das ist manchmal bei meinen frühen Texten so. Da gibt es Zeilen, die beim längeren Hinsehen merkwürdig werden und rätselhaft.
Ja, ja, die Frettchen ...

Elke Erb und Adolf Endler, Wuischke, 1976
(Foto: © Nachlass / Estate Helga Paris)

Elke Erb, Wuischke, 1976
(Foto: Christian Borchert)

Adolf Endler, Elke Erb und Konrad Endler, Wuischke, 1976
(Foto: Christian Borchert)

Dass man in dieser Offenheit bleibt

EE 1978 haben Adolf Endler und ich uns getrennt, im Februar war die Scheidung. Und weißt du, was passierte, als ich von der Scheidung zurückkam? Ich sah die Bäume schöner grün. Das war schon seltsam, denn es gab ja noch gar kein Grün, es war ja erst Februar.

MR 1978 ist auch *Der Faden der Geduld* erschienen. »Jeder Text dieses Bandes ist aus einem Getroffenwordensein entstanden, jeder hatte auf seinen Zufall zu warten.« heißt es darin.

EE Das ist ja wie eine Gleichung. Das Getroffenwerden hat auf seinen Zufall zu warten. Ohne den Zufall wäre es etwas pathetisch, nicht?

MR Das Getroffenwerden verdankt sich aber auch deiner Assoziationslust, den Blitzverschaltungen im Kopf, die du jahrelang trainiert hast.

EE Ja, wahrscheinlich. Es beruht aber vielleicht auch auf dem ethnischen Können der Rheinländer. Denen etwas aus dem Mund fällt, ehe sie es sich versehen. Also, das ist nicht einfach nur eine individuelle Leistung, sondern das ist auch die Bewahrung der Freiheit, die so ein Rheinländer hat. Bist du eigentlich auch aus dem Rheinland?

MR Nein, ich komme aus Franken, wir sind ganz anders.

EE Ach, weißt du, von den Franken habe ich auch ein sehr positives Vorurteil.

MR Welches denn?

EE Dass die sehr schlau sind. Dass die etwas können. Dass sie einen Rückhalt von kluger Solidität haben. Oder solider Klugheit, das wechselt so.

MR Aber sie tragen es nicht vor sich her ...

EE ... nein, aber ich habe es gesehen. Bei irgendeiner Lesung ist mir das begegnet. Ich glaube, die Franken sind nicht besonders beliebt.

MR **Nun, sie sind in der Regel eher zurückhaltend. Und manchmal etwas muffelig. Es gibt da diese Geschichte: Wenn ein Rheinländer in ein Wirtshaus geht, und es ist nur ein einziger Tisch besetzt, dann setzt er sich mit an diesen einen Tisch. Wenn dagegen ein Franke in ein Wirtshaus geht, in dem alle Tische bis auf einen besetzt sind, dann setzt er sich mit einer gewissen Erleichterung an diesen einen leeren Tisch. Das spiegelt so ein bisschen die unterschiedlichen Mentalitäten.**

EE Oh ja. Und jetzt stell dir nur mal vor, du wärst ein Romanschreiber, was könntest du mit dem, der alleine an diesem Tisch sitzt, alles machen. Was bewahrt den, der sich an den einzelnen Tisch setzt, was ist das? Wovor fürchtet er sich? Was plappern die anderen, was plätschert da? Und schon kribbelt es mich rechts und links da unten am Rückgrat und es entwickeln sich verschiedene Draufsichten. Das ist spannend.

MR **In *Der Faden der Geduld* findet sich auch ein Gedicht über eine Krise und deren Überwindung.**

Widerspiegelung

Ich seh mich wieder groß an meinen Grenzen
Aufgetaucht, ich hatte mich vergessen.
Vogel, flugs die Grenzen zu verwunden,
Frohlocke ich, die Spiegelscherben glänzen.
Ich hungerte, jetzt will ich wieder essen:
Dies Manna der Verletzungen, die munden.

Januar 1976

Kannst du dich noch an die Zeit erinnern, als du dieses Gedicht geschrieben hast?

EE »Dies Manna der Verletzungen«, ja, das war ich zu dieser Zeit. Ein Gedicht mit einer ganz aggressiven Spannung, mit einer ganz harten Kritik am Leben überhaupt.
»Ich hungerte, jetzt will ich wieder essen«. Oh Gott, oh Gott, oh Gott. Guck mal, welche Härte dahinter ist.

MR **Eine ganz große Verzweiflung, aus der man wieder ins Leben tritt?**

EE Naja, nicht unbedingt. Weil der Text zu weich ist.

MR **Zu weich? Wegen der Reime?**

EE Nein, wegen der Ergebenheit, die in diesem Text steckt. Ich weiß gar nicht, welche Ergebenheit das ist. Jedenfalls keine christliche. Keine, die auf Lohn wartet. Keine, die sich das Leiden bezahlen lässt.

MR **Keine christliche Ergebenheit?**

EE Nein, denn das Christentum selbst ist Leiden. Wenn du jetzt auf alles verzichtest, alles erduldest und alles erträgst, dann wirst du dafür im Jenseits entschädigt. Märtyrer werden im Jenseits belohnt, dann kriegen sie alles zurück.
Ziemlich unrevolutionär, diese Regelung.

MR **In *Der Faden der Geduld* ist auch das bereits erwähnte Interview abgedruckt, das Christa Wolf im Mai 1977 mit dir geführt hat. In diesem Interview bekennt Christa Wolf zunächst ihre Schwierigkeiten mit der Lektüre deiner Texte, sie nennt diese »ungefällig; nicht entgegenkommend; undurchschaubar; verschlüsselt.« Und sie beklagt: »Hier wird nicht mehr erzählt.«**

EE Es war ein langes Interview. Ich habe es bewundert, wie sie alles wiedergegeben hat – ihr Befremden, und meine Reaktionen darauf.
Aber was heißt schon »Hier wird nicht mehr erzählt«? Es wird einfach auf eine andere Art und Weise erzählt.

MR **Vielleicht arbeitest du nicht mit Mustern, die man bereits kennt. Man findet in der Literatur ja zu jeder Zeit bestimmte dominierende Erzählmuster und Begriffe, die verwendet werden, weil sie von den Lesern »verstanden« werden.**

EE Ich denke, dass sich in meinen Texten nicht genügend dieser Signalelemente finden.

Elke Erb: *Der Faden der Geduld*
(Aufbau-Verlag, Berlin und Weimar), 1978

MR In dem Gespräch mit Christa Wolf sagst du: »Ich lasse den Gegenstand manchmal ganz allein steh'n. (...) Ich mache mit den Gegenständen im Grunde dasselbe, was ich möchte, dass man es mit mir tut: direkt vor mich hintreten, mich sein lassen und mich aufnehmen.«

EE Ich meine dazu: Es ist wohl richtig, dass Texte ein wünschenswertes Verhalten vorleben. Ich sage ja nicht: Nimm mich, mach dies, mach das. Ich verbessere den anderen ja nicht. Man soll auch mich so sehen wie ich bin, und basta. Und so baue ich auch meine Texte.

MR Du fährst fort: »Alles, was da ist, empfinde ich als Majestät: Das ist für mich ein wichtiges Wort. Die Majestät des einzelnen Seins. Und was ich tue, das ist: eine Art Würdigung durch das Hinstellen.«

EE Was ist, das gilt. Es geht um die Wahrnehmung dessen, was da ist. Ich war damals ja noch am Anfang und machte langsam »Fortschritte«. Etwa bei der Ablehnung der im Kopf waltenden begrifflichen Bevormundung, welche die Wahrheit gepachtet zu haben behauptet.

Von »Majestät« würde ich jetzt nicht mehr reden, das klingt so pompös, aber mir gefällt es, dass ich dem Wort seinen hoheitlichen Sinn genommen habe. Das war die richtige Tendenz. Man steht vor einem Baum und der Baum ist einfach eine Majestät.

MR Respekt vor dem Sein?

EE Als eine nicht angreifbare Position. Zum Beispiel das kleine Kind, das omnipotent auf dem Topf sitzt – das ist eine Majestät.

MR Hat Christa Wolf recht, wenn sie sagt: »Du beschränkst dich häufig auf Molekularvorgänge von geringer, nicht geringfügiger Bedeutung.«

EE Das ist sehr präzis. Was soll daran falsch sein?

Brecht sagt: »Das Große bleibt groß nicht und klein nicht das Kleine«. Und Goethe, in seinem Gedicht *Vermächtnis* von 1829: »Was fruchtbar ist, allein ist wahr; / Du prüfst das allgemeine Walten, / Es wird nach seiner Weise schalten, / Geselle dich zur kleinsten Schar.«

Ja, das Detail entscheidet, nichts anderes. Alles wird doch von der Einordnung gefressen. Und das Detail ist das Einzige, was sich wehren kann.

MR Auslöser zum Schreiben »muss eine spontane Erregung sein«, bemerkst du, »Alle Texte sind spontan.«

EE Natürlich, das müssen sie sein. Intuitiv. Also nicht vorsätzlich. Es fällt mir etwas ein.
Das ist so, wie eine Firma arbeitet.

MR Eine Firma?

EE Wie eine Firma. Viele verschiedene Positionen, viele verschiedene Köpfe. Das Gehirn ist ein Produktionsbetrieb. Manchmal mit wenig Verbindung zwischen den einzelnen Abteilungen. Weißt du, Identität ist Identität, aber das bist nicht du.

MR Darüber kann man lange nachdenken.

EE Da kann ich jetzt noch eine Woche drüber nachdenken.

MR Christa Wolf sagt an einer Stelle des Interviews zu dir: »Mir fällt auf, wie du, ein dialektischer Kopf, Widersprüchliches als Entsprechung behandelst ...«.

EE Da siehst du ja, wie gut sie ist. Das finde ich ganz prima ausgedrückt. Ich glaube, ihr war gar nicht klar, was sie da für einen gedanklichen Sprung macht. Sie war ja auch nicht Lyrikerin. In der Prosa läuft alles ziemlich linear, aber das Gedicht hat diese spezielle erhöhte Energie. Es geht im Gedicht um etwas, was du vorher nicht weißt. Und Poesie ist ein Resultat des Gedichts, außerhalb von ihm.
Ich habe das Gefühl, das wird ein sehr schönes Gezwitscher von Vögeln im Kastanienbaum im Mai.

MR Im Gespräch mit Christa Wolf merkst du an: »Ich meine, dass man nicht sagen kann: Das ist schön, was ich mache. Dieses schöne befreiende Gefühl, Kunst zu erleben, stellt sich wohl nicht ein. Man wird vielleicht angerührt, getroffen, aber das ist etwas anderes ...«

EE Ich war damals noch ziemlich jung. Der Begriff ist da noch etwas konventionell. »Dieses schöne befreiende Gefühl« ist als Begriff vielleicht etwas konventionell, lässt aber doch eine Erfahrung erkennen, eine untergründige vielleicht.

Später hatte ich immer das Gefühl, für viele Jahre, dass ich beim Arbeiten in der Furche gehe und nicht ernte. Ich ernte den Sieg nicht. Ich höre sofort auf, wenn er da ist. Wenn der Text seinen Punkt erreicht hat.

MR **Was hat dich mit Christa Wolf verbunden?**

EE Sie hat nicht so sonderlich viel von uns verstanden – von unserer neuen Generation, aber sie war ehrlich daran interessiert. Einmal hatte ich ein außerordentliches Erlebnis mit ihr. Es war ein Gesprächsabend bei Erich Arendt, da hat sie mich etwas gefragt, und das empfand ich als unerwartet revolutionär von ihr. Sie hatte ein solches Blitzen in den Augen, dass ich sie nachher spontan fragte, ob sie mir nicht zu meinem zweiten Buch ein Nachwort schreiben wolle.

MR **Ihr habt euch dann aus den Augen verloren, seid verschiedene Wege gegangen?**

EE Ja, zum Beispiel konnte ich sie nicht mitnehmen zu diesen Prenzlauer-Berg-Lesungen, zu den Jungen, weil Christa nie Zeit hatte, immer besetzt war von Menschen und Verpflichtungen. Und ihre Literatur war auch nicht die meine.

MR **Wie meinst du das?**

EE Aus dem, was du aus dem Interview zitiert hast, ist das doch offensichtlich. Ich war damals schon gegen gewisse konventionelle Wendungen. Mir geht es um diese kleinen Zellen, die in den Sätzen sind – mit Energie gefüllt, und mit Leben.

MR **Genau deshalb interessieren mich deine Texte ja so, weil es nicht um schnelle Sinnbefriedigung geht, sondern um das Öffnen von Denkräumen. Der Preis, den du dafür zahlst, ist vielleicht, dass dir nicht so viele Leser folgen können oder wollen in deiner Zeit. Es gibt ja genügend Autorinnen und Autoren, die in ihrer Zeit gut akklimatisiert sind, weil sie mit vertrauten Mustern und Begriffen arbeiten, weil sie an bereits vorhandene Vorstellungen und Haltungen appellieren, und auf Pfaden unterwegs sind, die bereits gut ausgetreten sind. Dafür gibt es dann auch schneller Erfolg und Anerkennung. Deine Texte bieten diesen leichten Zugang nicht, sie verlangen Zeit und Geduld und Offenheit.**

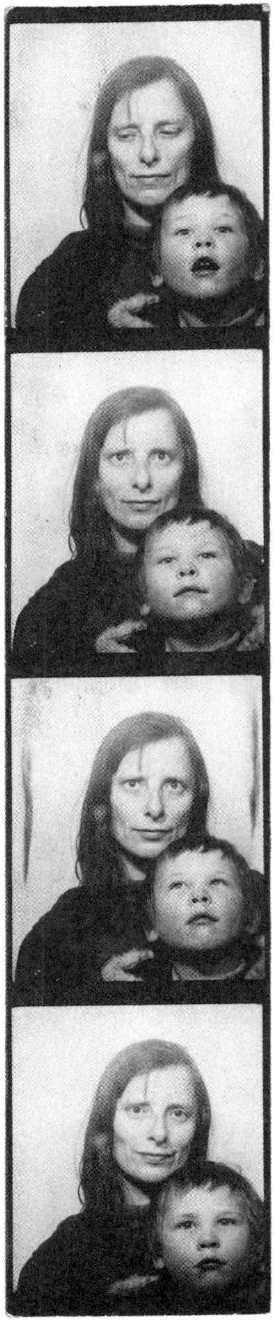

Elke Erb und Konrad Endler, ca. 1976
(Foto: privat)

EE Weißt du, früher in der DDR dachte ich manchmal, das klappt nicht mit mir und der Gesellschaft, weil sie einfach anders programmiert ist. Es gab keine Offenheit, es gab keinerlei revolutionären Vortrieb. Das waren doch alles Beamtensozialisten, kleine Männer mit Pepita-Hütchen, die ganz piefig und eng so eine Art Beamtensozialismus praktiziert haben.
Natürlich wollten sie es anders machen als der Faschismus, den sie erlebt hatten, das war sicher ihre Motivation, da muss man schon gerecht sein. Aber sie haben halt keinen großen Schritt gemacht.
Jedenfalls dachte ich, das kann nicht klappen, ich kann das aber auch nicht beeinflussen. Ich muss mich also darum kümmern, wie die Voraussetzungen sind, die auch in mir abgelagert sind.

MR **Während Christa Wolf sich an der Idee der sozialistischen Gesellschaft abgearbeitet hat, bist du reingegangen in dein Ich?**

EE Ja, das würde ich meinen. Ich weiß nur, ich steh da mit elf oder vielleicht zwölf Jahren mit meinen mageren Schultern auf dem Marktplatz, die Straßenbahn fährt vorbei, und ich denke mir, ja, die haben diesen Krieg gemacht, und wir müssen das jetzt ausbaden.

MR **In der Laudatio, die Uwe Kolbe 2011 anlässlich der Verleihung des Preises der Literaturhäuser auf dich gehalten hat, sagt er sinngemäß, dass du für die neue Pfade suchenden jungen Autoren in der DDR ein wichtiger Orientierungspunkt warst. Es sei gut für sie gewesen, zu wissen, dass es die Autorin Elke Erb gab, mit ihrer Unbeirrbarkeit, ihrem Eigensinn und ihrer inneren Unabhängigkeit. Du hast dich ja nie einer Partei oder einem Schriftstellerverband an die Brust geworfen.**

EE Das hat ja niemand gemacht, also hör zu, niemand, der etwas taugte, hat so was gemacht, verstehst du.

MR **Offensichtlich haben es doch einige gemacht, sonst wärst du für die Jungen ja nicht so wichtig gewesen.**

EE Ich war in den Schriftstellerverband eingetreten, und die, die für mich etwas galten, waren meist auch in der Partei – aber aus Überzeugung, »an die Brust geworfen« kann man das wirklich nicht nennen.

Ich bin einfach meinen Weg gegangen und konnte immer ganz gut unterscheiden, was für mich richtig ist und was falsch. Schau dir mal die Titel meiner ersten Bücher in der DDR an. Das erste Buch hieß *Gutachten*, das zweite *Der Faden der Geduld*. Beide Titel sind aggressiv. *Gutachten*, das war mein prüfender Blick auf die DDR, dann kam *Der Faden der Geduld*, und das heißt ja, der reißt irgendwann.

MR **Wann ist er gerissen?**

EE Ach, der reißt bis heute. Wir haben damals insgesamt ein Defizit gehabt an Leben. Die Westdeutschen haben das wahrscheinlich auch gehabt, aber nicht so gemerkt. Uns stand eben diese ganze Phalanx von Funktionärswesen gegenüber. Ich dachte immer, diese ganze Sippe und ihr Betrieb, die sind wie weiße Flecken auf einer Landkarte – völlig unerforschlich. Wo man nicht richtig reingucken oder hinter die Kulissen schauen kann. Weiß der Teufel was.

In der Bilanz taugen sie leider alle nichts. Sie sind aufgestiegen bis zu der Stufe, auf der sie nichts mehr taugen. Da liegt der Hund begraben. Also muss ich mich kümmern um die Voraussetzung, das war das Grundsätzliche. Ich muss mich um die Voraussetzungen kümmern. Die ich habe, die in mich gesetzt sind. Wie in alle anderen. Und mit denen muss ich etwas anfangen.

MR **Noch mal zur Prenzlauer-Berg-Szene …**

EE Ach, ich habe ein ganz unbefangenes Interesse an deren Sachen gehabt, aber ich war weder die Mutter noch die Mentorin der Prenzlauer-Berg-Szene.

Es war bei mir nur eine große Akzeptanz da, als die anfingen. Das war, als ob sich die Pflaster der Städte Magdeburg, Dresden oder Leipzig plötzlich bewegen, und all diese neuen Impulse versammeln sich in Berlin.

Da war mir, als ob der Boden unter meinen Füßen größer wird. Durch Leute wie Bert Papenfuß oder Stefan Döring. Ja, Döring ist ein guter Mann gewesen. Aber der hat zu schweigen angefangen. Während der Papenfuß bis heute gute Sachen macht. Und überhaupt, der Papenfuß könnte eigentlich ein führender Mensch werden.

MR **Für was?**

EE Der Papenfuß müsste eigentlich Kulturminister werden.

MR **Du sprichst einmal vom »infantilen Schlichtheitston«, den die »Diktatur hervorgebracht« habe in der DDR?**

EE Diese Epigonen der Revolution hatten ihre epigonalen Losungen. Fürs Volk. Ihre »Herrschaftssprache« war eher geheim. Einmal war ich zu einer Lesung in den Niederlanden eingeladen, da kam ich in einen Laden, da gab es so eine Fisch-Schale, mit vorne dem Kopf und hinten dem Schwanz. Und da habe ich geweint, weil wir das nicht hatten in der DDR, ich habe plötzlich geweint. Die DDR, das war ja die Ausrottung des normalen Designs, die haben alles Antiquitätenartige verkauft. Das ist so ein Detail, weißt du – was einem plötzlich an einem Detail so alles aufgeht.

MR **Du sagst, der deutsche Faschismus und der DDR-Sozialismus hätten deine Vorstellung vom Staat gründlich entmystifiziert.**

EE Bei Trotzki habe ich erst kürzlich gelesen, die Bürger hätten den Staat mystifiziert. Nach Christa Wolfs Buch *Kindheitsmuster* konnte ich den Begriff »Staat« austauschen gegen den Begriff »Gesellschaft«. Diese Korrektur befreite mich.

MR **Wie fühlt sich Deutschland heute an für dich?**

EE Es hat mit nichts enttäuscht. Da blieb ja prinzipiell alles beim Alten.

MR **Du meinst ...**

EE ... ich habe da vor nichts irgendeinen Respekt. Vor drei Jahren habe ich die *Göttliche Komödie* gelesen, so, als wenn die Wörter in der Zeile leben, und dann dachte ich, es existiert nichts Positives mehr außer Dantes *Paradiso*.

Weißt du, da bin ich vielleicht roh, aber ich finde den Kapitalismus totaler und tierischer als jedes Tier. Es geht nur darum, Erfolg zu haben, egal wie. Sie jagen alle nur dem Erfolg hinterher, es ist so primitiv.

MR **Jüngeren Autorinnen und Autoren imponieren deine innere Unabhängigkeit, dein Eigensinn und deine Kompromisslosigkeit. Wenn man durch deine Bücher streift, findet man nirgends eine Anbiederung an jeweils herrschende Moden oder Strömungen,** an die Tagesparolen des Literaturbetriebs, sondern trifft dich beim Schürfen im Stollen, manchmal so weit weg von allen und allem, dass dir dabei nur wenige folgen wollten und konnten.

EE Ja, Wollen und Können. Wenn du es nicht *kannst*, dann kannst du es auch nicht *wollen*. Es geht nicht darum, dass die Leute es nicht wollten, sie konnten es nicht. Verstehst du? Ich weise ja niemanden zurück.

In der DDR stand mir immer irgendwie der sozialistische Gehirnkasten im Weg, der ja eigentlich aus dem Bürgerlichen kommt. Wenn ich Gehirnkasten sage, dann meine ich eine Art Schrank, einen Schrank für sauberes und ordentliches Denken ... Nicht, dass sich jemand beschmutzt oder verdreckt hätte. Das hätten sie nicht geduldet. Das wäre innerhalb dieser merkwürdigen Formation von sozialistischem Bewusstsein nicht möglich gewesen.

MR Wo ist der Platz der Dichterin in der Gesellschaft? Im Gespräch mit Christa Wolf sagst du: »Ich kann mich in den Berufen, die es gibt, nicht bewegen. So kann ich diese Formen, die die Menschheit hat, nicht richtig mitvollziehen. Ich bin außerhalb der Form. Und das ist eine Chance und ein Risiko. Die Menschheit geht mit mir ein Risiko ein, ich diene als Risiko.«

EE Das ist richtig.

MR »Ich diene als Risiko.« Das heißt, du stellst dich zur Verfügung für eine unsichere Existenz?

EE Ja, mit der Bereitschaft, etwas grundlegend zu durchdenken und zu lösen. Auf eigenen Wegen und Füßen. Wenn es sein muss, auch abseits. Mein Schreiben ist die Alphabetisierung dieser Bereitschaft.

MR »Irgendwann, in einem langen Zeitraum, habe ich gewisse Voraussetzungen abgebaut und in mir zerstört: diese bestimmte Art, gefangen zu sein, Folgenwollen, Verführtwerden, Glaubenwollen und -müssen. Das war sehr schlimm. Aus jener Zeit habe ich ein Herzweh, das stärker ist als alle Hammerschläge ...« Aus diesen Zeilen spricht ein Ringen um ein radikales inneres Freisein.

EE Ja. Die Begriffe »radikal« und »frei« sind fast identisch, würde ich meinen.

Elke Erb, 1979
(Foto: Christian Borchert)

MR **Du begibst dich ins völlig Ungewisse?**

EE Wieso? Das, wovon ich weggehe, ist ungewiss. Diese Gehirnkästen. Das ist vollkommen unhaltbar, das hat überhaupt keine Bedeutung, das reicht nicht. Und weiß nicht einmal davon, dass es nicht reicht ...

MR **Und du vertraust auf dich und bist dann ganz stabil?**

EE Na gut, ich bin nicht stabil, ich habe ja wirklich gelitten.
Aber ich habe heute wirklich alles zur Verfügung. Ich habe einen ungeheuren Schatz an Formen. Die durch meine Demenz noch erweitert werden, weil dann alles frei liegt. Du bist nicht mehr im Zaumzeug und du wirst nicht mehr geführt.
Diesen Zustand müsste man konservieren können. Dass man in dieser Offenheit bleibt. Und irgendwann verschwindet man und dann ist es auch gut.

MR **Nach dem Erscheinen von *Der Faden der Geduld* hast du gespöttelt: »Übrigens: Ich muss bei diesem Band nicht gleich Publikum bekommen, ich kann warten auf das Publikum der Antiquariate.«**

EE In dem von dir zitierten Satz ist Gewissheit statt Hoffnung. Eine Gewissheit, die ja im Prinzip recht behalten hat. Und Antiquariate waren für mich immer sehr angenehme Orte.

Wie das System auch ausschauen könnte

MR **In deinem Gespräch mit Christa Wolf meintest du, dass der Schritt aus der Konsumentenhaltung schmerzhafter sei als das Geborenwerden, und ungeheure, irreversible Konsequenzen habe ...**

EE ... wann war das? 1978? Da bin ich ja schon 40, also eine Spätreife. Aber das ist egal – Schreibende gehen nicht mit 60 in Rente ...

MR **... es gibt keine Eltern mehr – keine Instanz, bei der du dich über nicht eingelöste Glücksverheißungen beschweren kannst. Da fasst du den Entschluss, jetzt äußere ich mich.**

EE Du übernimmst halt erst einmal das System von anderen und lebst darin, bis sich herausstellt, dieses System ist ausgeschritten. In diesem Zusammenhang wäre auch noch zu blicken auf die viel zu früh Verstorbenen. Wie das bei denen ist. Haben die ihr System schon ausgeschritten? Das führt zu einem kleinen intellektuellen Anlass – nämlich der Frage, wie man die Linien weiterziehen könnte, die sie nicht mehr haben gehen können.

MR **Du trittst in ihre Fußstapfen?**

EE Nein, ich frage mich, wie das System, in dem sie ersoffen sind, auch ausschauen könnte.

Jedes Reh kriegt seine Hufe wieder

MR **Du hast mir erzählt, dass du hin und wieder andere Menschen in deine Wohnung aufgenommen hast.**

EE In den 1980er-Jahren war ich eine Zeitlang für junge Leute, die rauswollten aus der DDR, eine Anlaufstelle – eine Station, wo man mal übernachten konnte.

Dann standen auf einmal irgendwelche Männer vor der Tür und meinten, ich solle jetzt mal mitkommen, weil ich einen beherbergt hätte, den sie gerade einkassiert hätten – einen Punk mit so einem schwungvollen Irokesenhaarschnitt.

MR **Wie hast du reagiert?**

EE Ich sagte, nein, ich kann leider nicht mitkommen, ich habe jetzt keine Zeit. Das half aber nichts, sie haben mich einfach mitgenommen, zur Kriminalpolizei gebracht und dort immer wieder nach dem Namen dieses Jungen gefragt. Ich sagte immer nur, ich frage doch nicht jeden gleich nach seinem Namen, der mal bei mir übernachtet.

Manche haben damals auch Zeichnungen zu mir gebracht oder irgendwelche anderen deliktverdächtigen Sachen. Die habe ich dann unter meinem Bett beherbergt.

MR **Du bist eine tapfere Frau.**

EE Ja, jedes Reh kriegt seine Hufe wieder.

Erich Arendt und Elke Erb, Peter-Huchel-Haus, Wilhelmshorst, ca. 1981
(Foto: © Nachlass / Estate Helga Paris)

Ich bin schlecht zu kränken

MR »Das Schwert über die Greise, die nicht jung werden wollen!«, schimpfte 1960 der Lyriker und Übersetzer Erich Arendt wegen der restriktiven Kulturpolitik der DDR. Du warst mit Arendt befreundet und sagst, er sei sehr wichtig für dich gewesen.

EE Eigentlich hatte ich das Gefühl, er ist der Beste, den ich kenne. Er hatte nicht die Schlagschatten vom Faschismus, und auch nicht die Bekloppptheit der SED.

MR Ein integrer Mensch.

EE Integer ist ein etwas vager Ausdruck – nicht wahr, das hört sich schon so mager an.

Arendt war frei. Und hat sich auch frei bewegt. War in Spanien, kämpfte im Spanischen Bürgerkrieg, war in Frankreich, und ging mit seiner Frau nach Kolumbien, wo sie selbst fabrizierte Pralinen und Marzipan verkauft haben.

Es war immer wie eine innere Aufrichtung, wenn ich Erich besucht habe. Eine Aufrichtung für den eigenen Charakter. Seine Haltung hat einen aufgerichtet.

Ich habe ihn lange gekannt – bis er weggenommen wurde.

MR Weggenommen?

EE Er war nachher etwas umnachtet. Daher habe ich mit anderen etwas organisiert. Menschen, die ihn bewachen sollten. Denn wenn er alleine rausgehen und dann seine Straße nicht wiederfinden würde ...

MR Wie lange ging das?

EE Ein paar Wochen. Erich hat zuletzt in Wilhelmshorst gelebt, sein Freund Peter Huchel, der 1971 in den Westen ging, hatte ihm sein Haus überlassen. Da war Erich dann drin. Und hatte eine Liebste. Bis er 1984 gestorben ist.

MR Wie hast du Erich Arendt kennengelernt? Hast du ihm Texte von dir geschickt?

EE Ja.

MR Und wie hat er reagiert?

EE Oh, ein neuer Morgenstern, hat er gesagt, eine neue Sonne am Horizont ... so etwas.

Peter Hacks hatte vorher meine Sachen, und sie an mich zurückgeschickt mit den Worten »Das *mir!*«. Der war absolut negativ. Dabei war er doch der Stümper. Peter Hacks wollte einmal Sarah Kirsch pamphletieren. Aber er konnte das nicht, er hat überhaupt nicht begriffen, was sie macht. Das war auch so eine Type, der Hacks.

Ich bin schlecht zu kränken, weißt du. Aber ich bin dadurch gekränkt, dass jemand ein Idiot ist.

Elke Erb, 1980
(Foto: Christian Borchert)

Elke Erb: *Trost*
(Deutsche Verlags-Anstalt, Stuttgart), 1982

Die Wonne vor den Hüften

MR »Trost, aber kein Trostpflaster«, schreibt Sarah Kirsch in ihrem Geleitwort zu deinem 1982 erschienenen Buch *Trost*, »Hier wird nicht abgespeist, die Sache ist auch nicht im Handumdrehn zu erledigen, eine Vakanz muss man haben, offene Türen.«

EE So ist es.

MR Sarah Kirsch wirbt sehr um Verständnis für deine Texte: »Man muss trainieren in seiner Innenwelt, erst kleine Wege ums Haus, später die langen Expeditionen, und wird auf Jahre verschüttete Schluchten noch finden.« Und später: »Das Buch *Trost* macht Kino im Kopf, führt durch Mauern und Grenzen. Zwischen den Seiten steckt mehr Meskalin, als unsere Schulweisheit zugeben kann. Die Erde ist schön und schrecklich und doch begehbar.«

EE Na, na, na. Sarah war auch sonst immer ein bisschen idealisierend. Aber es stimmt schon, dieses Geleitwort, man könnte es in alle meine Bücher stellen.

MR In *Trost* findet sich auch das Langgedicht *Auskunft nachts*. Es beginnt: »Im Sommer – Sommer war! – riss der Himmel über mir, / (...) / er riss, zerschlissen, hässlich, nein, grässlich, über meinem Scheitel, / aber dort, wo der Kinderscheitel gewesen ist, seitlich. / Das bedeutete, du hast keine Eltern.«

EE Über diese Zeile hat sich meine Mutter damals sehr empört. Aber andererseits, wenn ein Kind imstande ist, so was zu sagen, braucht man um das Kind doch keine Angst mehr zu haben.

MR Du hast das gar nicht vorwurfsvoll gemeint gegen deine Eltern?

EE Nein. Ich hatte ja keine Eltern mehr.

MR Aber du hattest doch Eltern?

EE Ja, schon, aber ich brauchte sie nicht. Ich war ohne Eltern. Ich war wahrer *ohne* Eltern als *mit* Eltern. Was soll das denn?

Das mit den Eltern ist ja manchmal wie ein Klotz am Bein, wie wenn man schlecht geheiratet hat. Oh, hat sich da meine Mutter empört.

MR **Und was hast du darauf gesagt?**

EE Gar nichts.

MR **Gar nichts?**

EE Vielleicht so was wie: Na, die jungen Bäume. Es hatte eh keinen Zweck, meine Mutter verstand das nicht. Das ist so. Sie war auch nicht besonders ehrlich.

MR **Inwiefern?**

EE Sie hat Gedichte gemacht, die scheiße waren. Irgendwelche Gedichte über ihren Eddi, meinen Vater, die waren immer falsch.

MR **Und du hast zu ihr gesagt, das sind schlechte Gedichte?**

EE Das habe ich nicht zu ihr gesagt. Das war ja gar nichts.
Ich glaube doch, dass ich das von der ersten Zelle an, die ich in mir habe, beurteilen kann.
Weißt du eigentlich, was ich jetzt immer vortrage bei Lesungen?

MR **Nein.**

EE Ein Gedicht, das ich im Alter von zehn Jahren gemacht habe. Ein sehr schönes Gedicht. Ich liebe es. Es geht so:

> ein kleines Haus
> hinein und heraus
> läuft die Maus

Spürst du das? Spürst du die Wonne vor den Hüften?
Dieses Gedicht ist viel besser als ein anderes, das ich im gleichen Alter gemacht habe:

> im Dörfchen herrschet Abendruh
> der Krämer schließt den Laden zu

Das ist ja eigentlich auch ganz ordentlich, aber es ist nichts im Vergleich zu dem Mausgedicht. Da siehst du mal den Unterschied. Das Mausgedicht ist nicht so formalistisch, die Maus läuft wirklich durch die Gegend.
An der Betrachtung dieser beiden Gedichte wächst mein Verständnis für Dichtung.

MR *Auskunft nachts* endet mit den Zeilen: »Es gibt den Witz von den zwei fortgelaufenen Irren, / die wieder umkehren, weil sie / die perspektivische Verjüngung der Straße / für deren Abschluss halten. / Aber ich bin nicht irre und kann nicht umkehren.«
Da hast du dein Lebensprogramm schon mal an die Wand genagelt. Damit alle wissen, was los ist, du wirst so weiter machen.

EE Da magst du recht haben, aber das war mir damals gar nicht so klar. Da siehste mal, wie unbewusst bei mir der Betrieb läuft.

MR 1982 hat der Dichter Erich Fried dein Buch *Trost* in der *ZEIT* besprochen. Er schrieb: »Möglich, dass die Verfasserin lange an einer Psychoneurose zu leiden hatte. Wichtig für den Inhalt dieser Gedichte, dieser Prosafindlinge, deren Wert dadurch nur noch steigen könnte. Man denkt beim Lesen oft an Hölderlin, wie er in seinen Texten um sein geistiges und seelisches Überleben kämpfte.« Und: »Leicht und unbeschwert liest man sich durch dieses Bändchen nicht durch. Es hebt die Trennung zwischen Dichtung und Wahrheit ganz und gar auf, lässt dem Leser daher keine Rückzugswege.«
Erich Frieds ersten Satz finde ich eines Dichters nicht würdig.

EE Na sowieso. Er wird das gerochen haben, dass ich mal in der Nervenklinik war. Den eigentlichen Fragen geht er damit aber aus dem Weg. Ist ja auch Käse, es sagt ja auch niemand, dass seine Gedichte so kurz waren, weil er selbst so ein Kurzer war. Ich finde es ein bisschen unhöflich, aber ich kann es jemandem einräumen, so etwas zu sagen. Dass ich die Trennung zwischen Dichtung und Wahrheit aufhebe, damit es keine Rückzugswege gibt, ist ja wiederum ein Kompliment. Verstehst du, was ich meine: »Ich schieß den Hirsch im wilden Forst, / im tiefen Wald das Reh«.

Das Gehirn ist keine Wasserleitung

MR Deinen Gedichtband *Vexierbild* von 1983 hat Gerhard Wolf eingeleitet. »Texte von Elke Erb haben immer etwas Unbedingtes, das uns herausfordert.«, schreibt er, »Entweder wir können uns auf ihre Seh- und Sprechweise einstellen (...); oder wir lassen es auf diese Teilnahme gar nicht erst ankommen und lehnen ab, weil wir anders zu sehen, zu sprechen gewohnt sind.« Wie bist du mit Ablehnung umgegangen?

EE Gar nicht. Ich bin wohl weder biologisch noch hierarchisch ganz zu fassen.

MR In dem in *Vexierbild* enthaltenen Prosastück *Unverbrüchliche Freundschaft* heißt es am Ende: »Zwei Jungen schießen sich auf Beton eine leere Konservendose fünf Minuten zu. Es ist eine große Schwierigkeit, etwas Wirkliches so zu nehmen, wie es ist.«

EE Jetzt erschrecke ich.

MR Über dieses Bild?

EE Als ob ich das Herz überfordere, weißt du – das Herz überfordere.

MR Mit diesem Satz?

EE Da bin ich Zeuge, nur Zeuge, und was ich schreibe, ist ein Zeugnis.
Vexierbild ist ein Buch, das geht richtig in die Katastrophen. Aber wenn das jemand, dem es schlecht geht, in die Hand nimmt und liest, dann sieht er, da war schon jemand in der Katastrophe. Das heißt, er hat es überstanden, er ist durchgekommen. Also kann dieses Buch auch etwas Tröstliches haben. Denn die Voraussetzung ist: Alles, was furchtbar ist, habe ich überstanden. Verstehst du?

Elke Erb: *Vexierbild*
(Aufbau-Verlag, Berlin und Weimar), 1983

Du siehst, ich muss dieses Buch vor mir entschuldigen.

MR **Aber warum denn?**

EE Weil es in Katastrophen geht, weil es wirklich ein Katastrophenbuch ist. Und weil man das ja eigentlich niemandem zumuten sollte.

»Bildlich gesprochen«, sage ich in diesem Buch, »stehe ich da wie der Halm, der den Sensenmann gleich vor sich sieht.«

MR **Das ist hart.**

EE Na sicher. Es war aber so.

Damals dachte ich, ach, wenn ich doch ins Gefängnis käme, da hätte ich ja wohl meine Ruhe. Das habe ich gedacht, als ich zu Hause die Öfen anheizte.

MR **Was hat dich denn so bedrängt?**

EE Alles. Die politische Situation hat sich angefühlt wie eine Kammer um mich herum. Ich hatte keine Angst, aber ich spürte ständig diese bodentiefe Verzweiflung. Das ist ja so ein Scheißhaufen, was Politik ist. Nicht?

»Die Hände, die gestreichelt haben, kann man ruhig abhacken«, schreibe ich in *Vexierbild*, »Das ändert nichts, denn sie würden das Streicheln nicht lassen, und es führt zu nichts Gutem. Man kann sie aber auch fesseln, und die Person, der sie gehören, folgt ihnen nach bis in die finsterste Zelle. (Januar 1980)«

Da siehst du, wie es damals aussah in mir.

MR **Der kurze Text *I. S. Nikitin* handelt von Nikitins sozialkritischem Gedicht *Die Brandstätte*, du beendest ihn so: »Die Zeilen sind wie lebendige Wesen. Sie sterben, vertauscht man ihre Glieder nach unseren Regeln, sie wehren sich, bis man sie läßt, wie sie sind.«**

Das scheint mir eine wichtige Erkenntnis.

EE Ja, das ist ein Plädoyer für das Ethos des Übersetzens. Dass man ein Gespür für den fremden Text entwickelt und kapiert, dass er ein lebendiger Körper ist. Du kannst daran nicht einfach herummachen, wie du willst, sonst hast du am Ende den Arm da, wo das Knie hingehört, und umgekehrt. Wenn man das nicht versteht, macht man alles falsch, und dann geht dieser Körper kaputt.

MR **Was ist dir beim Übersetzen noch wichtig?**

EE Ich will etwas treffen beim Durchtanzen der Sprachen und kann dabei einen fast sportlichen Ehrgeiz entwickeln. Aber das ist nicht nur Sport, das ist ein elementares, ein ganz starkes Interesse am anderen Körper, am Körper des fremden Textes. Schau mal, was die Worte in einem Gedicht für eine Körperlichkeit haben, was sie für Geräusche machen, welche seelische Belastung die armen Worte zu tragen haben – und dann müssen sie sich auch noch in die Grammatik fügen.

MR **Was macht eine gute Übersetzung aus?**

EE Das ist schwer, das kann man nicht allgemein sagen. Es gibt wahrscheinlich ganz viele verschiedene Möglichkeiten, einen Text zu übersetzen.

Wie Peter Waterhouse zum Beispiel den Andrea Zanzotto übersetzt hat, das ist fantastisch, das ist sehr gut. Waterhouse fragt sich: Was läuft da? Was macht der Zanzotto da? Wie organisiert er die Sprache? Wie tönt sie? Beim Übersetzen entdeckt Waterhouse ständig etwas Neues, er hat eine völlig neue Übersetzungsart geprägt, nämlich den fremden Text durch die Befragung selbst weiterzuführen. Das finde ich einen sehr interessanten Ansatz.

MR **In *Vexierbild* findet sich auch der Text *Alex in M. oder Der Weg zum Ziel*.**

Für dich ein sehr wichtiges Stück, du experimentierst hier mit verschiedenen Darstellungsformen eines Textes. In deinem *Vexierbild*-Nachwort *Bericht über eine neue Darstellungsweise* sprichst du von deiner Abkehr von einer »*ausschließlich* herrschenden linearen Schreibweise« und vom Stellenwert, den dieser Text für dein Werk hat: »Für mich ist ›Der Weg zum Ziel‹ mein erster Text, der nicht resultativ, sondern prozessual geschrieben wurde, das erste Schreiben, das nicht bloß feststellte, sondern sich sofort selbst auf seine Folgen einließ und mein Bewußtsein während der Arbeit veränderte.«

EE Ja, mit diesem Text habe ich intensiv versucht, die Wellenlinien meines Denkens ehrlich abzubilden, gleichzeitig hat das Schreiben dieses Textes mein Denken in Schwingung versetzt. Beim linearen Schreiben setzt du völlig willkürlich ein Wort an das andere. Aber das Hirn ist doch nicht so. Das Gehirn ist keine Wasserleitung, weißt du.

MR **Insofern bist du weitaus realistischer als jeder lineare Erzähler, dessen behaupteter »Realismus« in Wahrheit eine brutale Vereinfachung ist.**

EE Ich empfinde das Lineardenken als gewalttätig. Weil der Kopf dynamisch ist und das Denken nicht linear.

Ich nehme einfach wahr, was da alles ist, und dann bringe ich das zueinander. Ohne willkürlichen Aufruf, ohne etwas wegzuschneiden, das wäre ja feige.

Du musst bedenken, das läuft vollkommen rational: Was ist da passiert, was ist da gerade los, und was habe ich da noch? Genau so ging das. Ich habe einfach alles, was mir einfiel, aufgeschrieben. Dann habe ich das zerschnippelt, auseinandergezogen und wieder zusammengeschoben, nebeneinander, aufeinander und ineinander, eben so wie das Denken durch die Gegend galoppiert.

Michael Roggemann, der Buchgestalter, hatte dann die Aufgabe, das so auf die Seiten zu bauen. Heute kann man das mit dem Computer ja alles selber machen. Aber der Roggemann war ein richtig Guter, die Fotocollage mit der Ausschnittvergrößerung auf dem *Vexierbild*-Cover ist kühn, es sei ihm um das »Zerreißen der Wirklichkeit« gegangen, hat er später gesagt.

MR **Dieses Buch ist dir sehr wichtig.**

EE Ja, als ich an *Vexierbild* arbeitete, dachte ich, wenn mir dieses Buch gelingt, dann habe ich Türen aufgestoßen. Aber als das Buch dann 1983 erschienen ist, war das gar nicht mehr nötig.

MR **Die Türen waren schon offen.**

EE Ja, es war kein Problem mehr, irgendwie hatten die Funktionäre bereits aufgegeben. Außer Honecker natürlich. Aber die Kulturfunktionäre haben mein Buch einfach durchgelassen, sie hatten damals wohl schon ganz andere Sorgen.

Über eine Lüge nicht einfach hinwegschreiten

MR **1985 hast du mit Sascha Anderson bei Kiepenheuer & Witsch in Köln die Anthologie *Berührung ist nur eine Randerscheinung* herausgegeben.**

EE Bei Sascha ist damals sehr viel abgelagert worden von den ganzen Szene-Leuten am Prenzlauer Berg – Unmengen an Texten und Bildern.

Und ich wollte nicht, dass die Wessis das alles nur einzeln ausbeuten, dass das alles völlig zersplittert. Ich wollte diese Zeit und diese Szene in einem Buch zusammenbringen, ihnen einen gemeinsamen Auftritt verschaffen, als ein Statement.

MR **Wer hatte die Idee zu dieser Anthologie?**

EE Das war meine Idee, ich habe von Sascha die Manuskripte genommen und er hat für den Anhang die Kunst beigebracht, nur dieser Teil ist allein von ihm. Er kannte ja alle, alle und jeden, er war der, bei dem in der Szene die Fäden zusammenliefen. Ich habe fast ein Jahr lang an *Berührung ist nur eine Randerscheinung* gearbeitet, neue Autoren dazu geholt, die Biografien und Selbstaussagen der Autoren eingesammelt sowie Notate und Anmerkungen zu den in die Anthologie aufgenommenen Texten erstellt. Ich selbst hatte ja einen Verlag, ich war mit meinen Texten gut untergebracht, aber es ging darum, die Ernte von den Jungen heimzubringen. Einmal den großen Scheinwerfer einzuschalten und sie ins Licht zu stellen. Das geschah mit dieser Anthologie zum ersten Mal.

MR **War es damals schwierig, dieses Buch bei einem Westverlag herauszugeben?**

EE Nein. Du musst davon ausgehen, dass das ganze Gemeinwesen in der DDR zu dieser Zeit schon völlig kaputt war, ein verreckendes

Gewese. Aber ich habe überhaupt noch niemals irgendeine Zügelung zugelassen – und auch wenn sie an mich herangetragen worden wäre, hätte das überhaupt keine Rolle gespielt.

MR **Du hast also Texte gesammelt und daraus eine Auswahl getroffen für die Anthologie.**

EE Ja. Und zwar von August bis Februar. Dabei hatte ich dauernd Besuch von den Autoren, die haben mir ständig neue Sachen gebracht. Und ich habe sie ausgefragt, habe Kommentare zu ihren Texten geschrieben und auch mal Gedichte als Kommentare wirken lassen.

MR **Es muss sehr spannend gewesen sein, diese neuen Stimmen in einem Buch zu versammeln.**

EE Es war jedenfalls besser als auf dem kahlen Berg zu sitzen ohne Nahrung. Ich habe das alles gar nicht mehr so genau in Erinnerung. Aber ich weiß noch, dass ich damals gegen einen beim Verlag protestiert habe, der gesagt hat, die haben doch versagt, die Dichter in der DDR, diese Aussteiger am Prenzlauer Berg, die haben doch alle versagt. Dem habe ich gesagt: Das ist nicht wahr! Die Wirklichkeit hat versagt.

MR **Ich kann mich noch gut daran erinnern, als *Berührung ist nur eine Randerscheinung* herauskam, das war heißer Stoff damals, diese Anthologie. Wir im Westen waren neugierig – wie schreiben denn die Jungen in der DDR, wie denken sie? Nach Wolf Biermann, Christa Wolf und Stefan Heym hat sich eine neue Generation zu Wort gemeldet, und diese neuen Leute gaben ganz andere Töne von sich, waren nicht mehr so leicht auszurechnen. Bert Papenfuß, Stefan Döring, Uwe Kolbe, Cornelia Schleime, und auch die Gedichte von Sascha Anderson, das hatte in seiner ganzen Sperrigkeit eine große querulantische Kraft.**

EE Ja, und diese ganze neue Generation musste vom Halm.

MR **Vom Halm?**

EE Die musste geerntet werden. Und das haben wir getan.

MR **Die Künstlerin Cornelia Schleime ist in dieser Anthologie als Dichterin dabei.**

EE Ich habe Conny das erste Mal bei Ekkehard Maaß getroffen, da hat sie den Mund aufgemacht und auf einmal war so etwas

Berührung ist nur eine Randerscheinung – Neue Literatur aus der DDR,
Herausgegeben von Sascha Anderson und Elke Erb (Kiepenheuer & Witsch, Köln), 1985

Klares im Raum. Sie ist eine kluge Frau, ich schätze sie sehr. Als sie aus der DDR wegging, habe ich in meinem Bettkasten etliche Grafiken von ihr aufbewahrt. Ich habe in diesen Grafiken etwas entdeckt, ich habe Connys Strich verstanden, das war toll. Ihr Strich ging einem so richtig durch die Seele. Dafür liebe ich Conny.

MR **Hast du Sascha Anderson damals regelmäßig getroffen?**

EE Gelegentlich. Aber wir hatten immer ein gutes Verhältnis. Einmal hat er mich besucht und so ominös gesagt, er wolle sich nicht von oben, also von anderen her, definieren lassen. Dann ist er wieder verstummt. Erst viel später habe ich begriffen, hätte ich damals nur weiter nachgefragt und nachgehakt, hätte er sich vielleicht geöffnet und wäre vielleicht aus dieser ganzen Stasispitzel-Scheiße wieder ausgestiegen.
Eigentlich war Anderson ja kein schlechter Typ. Während der Zeit, als er in der Wohnung von Ekkehard und Wilfriede Maaß gelebt und dem Ekkehard die Frau weggenommen hat, sagte er ständig so seltsame Sätze, aber die waren immer intelligent. Ich war dann völlig geschockt und konnte es erst auch gar nicht glauben, als es später überall hieß, er habe für die Stasi gearbeitet. Sogar noch, als er bereits in Westdeutschland war.

MR **Hast du jemals mit ihm darüber gesprochen?**

EE Du bist gut. Adolf Endler und ich sind sogar zu ihm hinmarschiert und haben ihn gefragt, ob das stimmt, ob etwas an der Sache dran ist. Wenn nicht, wollten wir eine Ehrenerklärung für Sascha abgeben.
Aber das ging nicht, er hatte gelogen, er hatte alle um ihn herum belogen.

MR **Und dann habt ihr euch nicht für ihn eingesetzt?**

EE Nein. Und später komme ich mal irgendwo hin, da war der Sascha auch da, ich ging um ihn herum, ich habe ihn überhaupt nicht gegrüßt, nichts da.
Ich kann über eine Lüge nicht einfach hinwegschreiten, dann ist es nicht mehr mit mir identisch. Das muss eine Krankheit sein bei mir, ich kann Lügen einfach nicht vertragen. Da fehlt mir dann der Perspektivraum, so ein Raum für die Zukunft.

Gert Neumann, Elke Erb und Sascha Anderson vor der Samariterkirche, Friedrichshain, Berlin, 1986 (Foto: Harald Hauswald / OSTKREUZ)

Ob mit oder ohne rote Socken

MR **Welche Erfahrungen hast du mit der Stasi gemacht?**

EE Ich weiß noch, dass Adolf Endler mal für eine Lesung im Ausland einen Reiseantrag geschrieben hat. Als Rheinländer hatte er so einen spezifischen Humor und schrieb lakonisch unter seinen Antrag, man möchte doch auch mal aus allem hier raus.

MR **Hat er darauf eine Antwort bekommen?**

EE Ja, die Reise ist ihm erlaubt worden. Aber in seinem Lesemanuskript, das er einreichen musste, war nachher eine Seite doppelt. Die Stasi hatte alles kopiert und aus Versehen eine kopierte Seite im Manuskript liegen gelassen.
Ich meine übrigens, dieser ganze Bohei der Stasi um die Schriftsteller war einfach Unsinn, dummes Theater – völlig sinnlos und blöde. Hat überhaupt nichts gebracht. Aber die waren ja ohnehin dumm, weißt du.

MR **Deine Nähe zur Friedensbewegung, deine Mitarbeit an einer inoffiziellen Lyrik-Anthologie und dein Protest gegen die Ausbürgerung des Bürgerrechtlers Roland Jahn führten zu deiner Überwachung durch die Staatssicherheit. Ein vom Vorstand des Schriftstellerverbandes der DDR unter Hermann Kant betriebener Versuch, dich aus dem Schriftstellerverband auszuschließen, konnte beim Bezirksverband Berlin nicht durchgesetzt werden.**

EE Ich meine, Herr Kant hat selbst wieder davon Abstand genommen. Er war ja schlau, der Idiot, und wollte mir nicht durch einen Skandal einen großen Namen machen. Er hatte so etwas Verschwiemeltes ...

MR **Du wurdest von der Stasi als »Operativer Vorgang« geführt.**

EE Ja, und das Absurde war, dass sie den »Decknamen«, den sie mir zuerst gegeben hatten, nach einer Weile »verschärft« haben. Der erste war noch relativ harmlos, aber der zweite war enorm, er fällt mir gerade nicht ein, aber er stand für etwas, das beobachtet und dann vielleicht auch tötet. Als ich das erfahren habe beim Studium meiner Akten, war ich fast schon stolz über diese Karriere, also dass die Stasi mich zunehmend als gefährlich eingeschätzt hat, was natürlich völlig lächerlich war. Was die da alles so angesammelt hatten über mich – diese Idioten ...

MR **Deine Überwachung durch die Stasi hat dich nicht wirklich berührt?**

EE Mich nicht, Adolf Endler schon. Aber der hatte auch ein anderes Temperament und eine andere Wutkapazität. Manchmal war so etwas ja fast schon ulkig. Der alte Erich Arendt erzählte einmal, immer wenn er aus dem Haus geht, steht da wieder die mit den roten Socken. Und dann geht er zur Bushaltestelle und wartet auf den Bus. Und die mit den roten Socken geht hinter ihm her und warte dann auch an der Haltestelle. So warten sie beide nebeneinander auf den Bus. Ach, was für ein Quatsch! Ich habe die Stasileute meist auch gar nicht erkannt, ob mit oder ohne rote Socken.

Freunde haben einmal zu mir gesagt: Hast du gesehen, die ganze Schönhauser Allee steht wieder voll mit Stasi-Leuten. Da habe ich ernsthaft darüber nachgedacht, ob ich nicht mal einen meiner Freunde bitten soll, mit mir dahin zu gehen und mir zu zeigen, wer da einer von der Stasi ist.

Ich weiß noch, ein andermal habe ich ewig auf ein mit der Post gesandtes Buch gewartet und es kam einfach nicht. Ein russisches Buch über die Geschichte des 12. Jahrhunderts. Das haben sie zurückgehalten. Dann habe ich am Telefon gesagt, hört zu, das ist ein völlig harmloses Buch, und prompt hatte ich es am nächsten Tag.

Bei mir ist das ganz verrückt. Etwas Offensichtliches sehe ich überhaupt nicht. Dafür aber andere Dinge.

Einmal war ich in der Wohnung und sitze da hinten, wo jetzt das Bett steht, an einem Tisch. Da hörte ich, wie einer ins Haus kommt und die Treppe raufgeht. Und ich merke, der kommt zu mir. Dann klingelt es, ich mache die Tür auf und sage zu ihm: »Ich dachte, da kommt jetzt die Stasi«, und er, ein befreundeter Dichter, schaut mich ganz verblüfft an und sagt: »Ich bin nicht mehr dabei.«

MR **Musstest du da nicht lachen?**

EE Nein, ich glaube, wir haben uns beide nur dumm angeschaut.

MR **Was hast du in deinen Stasi-Akten gefunden?**

EE Mein Interesse war vorrangig, zu sehen, wann ich eine Lesung gemacht hatte oder im Ausland war, weil ich darüber selbst keine Aufzeichnungen mehr hatte.

MR **Bist du in deinen Akten auch auf Verrat aus deinem Umfeld gestoßen, auf die Bespitzelung durch Freunde?**

EE Nein, zumindest nicht deutlich erkennbar, nicht mal bei Sascha Anderson. Vielleicht hat er sich bei mir auch zurückgehalten. Aber eine Sache bei der Akteneinsicht gab es, da wurde ich wirklich wütend. Du musst dir vorstellen, da ist ein Raum mit Tischen in mehreren Reihen, und alle haben einen Packen Papier vor sich und gucken den durch. Und plötzlich hau ich auf den Tisch, und weißt du, warum? Weil da der Umschlag eines Briefes von Friederike Mayröcker an mich liegt, ein Umschlag mit ihrer schönen Handschrift, und ich werde so wütend, weil sie mir diesen Umschlag weggenommen haben und ich den erst jetzt in meinen Akten finde.

MR **Du hast diesen Mayröcker-Brief nicht bekommen?**

EE Doch, den Brief habe ich bekommen, aber den Umschlag nicht. Ich weiß das nicht mehr so genau, aber es ist auch egal, sie haben von Friederike nichts zu haben, das ist ganz allein meine Sache.

Das hat mich so empört – diese Schweinebacken!

MR **Haben sie dich denn auch einmal gefragt, ob du für sie arbeiten willst?**

EE Nein.

MR **Warum nicht?**

EE Ich glaube, die konnten mich nicht einschätzen, ich habe nicht in ihr Raster gepasst.

Friederike Mayröcker und Elke Erb, Literaturwerkstatt Berlin,
13.6.1997 (Foto: ©gezett)

Und andersherum war ich souverän, und zwar per Haut. Ich hatte eine ziemlich dicke Haut.

MR **Du hättest dich eh nicht mit ihnen eingelassen.**

EE Nein, Genosse Rothenberger *(lacht).* Es war angeborene Hygiene, dass man nicht mit ihnen paktiert. Ihr ständiges Hinterherschnüffeln hinter den Autoren war sowieso völlig übertrieben. Eigentlich ging es da ja um nichts. Wobei ich nicht meine, dass es sonst nicht um viel gegangen wäre.
Aber die ganze Autorenüberwachung hat ihnen nicht viel eingebracht. Dieses ganze Stasi-Gemache ist völlig umsonst gewesen. Eine einzige Zeit- und Geldverschwendung.
Einmal kam einer zu einer Lesung von mir und fragte mich: Mit dem Marxismus haben Sie wohl nichts am Hut? Und ich guckte diese Scheiße von lumpigem Kerl an und sagte nur: Nö. Und ein anderer, das habe ich später in meinen Akten gefunden, schrieb nach dem Besuch einer meiner Lesungen: Ach, schicken Sie doch bitte das nächste Mal jemand anders dahin.

MR **Dem waren deine Texte zu anstrengend.**

EE Ja, der hat bei der Lesung wohl überhaupt nichts verstanden.

Flip-Out-Elke

MR **Der Schriftsteller Volker Braun, ab 1960 Mitglied der SED, polemisierte 1985 gegen dich in seinem Essay *Rimbaud. Ein Psalm der Aktualität*. Er nannte dich die »Flip-Out-Elke«, die sich »weitergehenden Ansprüchen« verweigere und deshalb nur im »Reservat der poésie pure« zeigen könne. Wie sehr hat dich dieser Vorwurf damals gekränkt?**

EE Na, das war doch nur dumm. Braun macht ja auch etwas ganz anderes als ich. Für ihn waren das offizielle Staatswesen und die Politik immer wichtig, ich war daran weniger interessiert. Aber dass er deshalb sagt, ich sei eine unpolitische Dichterin, das ist vollkommen verkehrt. Weil man mit ihren Scheißhändeln nichts zu tun haben will, ist man unpolitisch? Na, sag mal! Der Mensch ist ein Zoon politikon, und alles, was er produziert in geistiger Hinsicht, ist Politik.

Es heißt immer, dass ich so introvertiert sei und dass es in meinem Texten immer nur um mich ginge – aber das ist völlig falsch. Das Ich ist ein Zeuge, das Ich ist der Tanzplatz deiner Programmierungen. Du kannst nur richtig schreiben, wenn du dich darum kümmerst, und dann ist es immer auch politisch.

MR **Meine Beobachtung ist, dass Volker Braun heute in den Diskussionen junger Autorinnen und Autoren kaum noch eine Rolle spielt, während du für viele, die sich mit einer Weiterentwicklung des poetischen Sprechens beschäftigen, ein wichtiger Bezugspunkt bist. Deine Texte haben offensichtlich etwas, das dazu anregt, sich immer wieder mit ihnen zu beschäftigen.**

EE Das weiß ich gar nicht, dass die Jungen über mich sprechen. Finde das aber durchaus erfreulich.

Es lebe die Straße

MR (*Wir schauen wieder alte Fotos an.*) Die Fotografin Helga Paris ist eine gute Freundin von dir?

EE Ja, schon lange. Zuerst habe ich sie kennengelernt, weil sie mich fotografiert hat. Das war noch ein Fremdheitsverhältnis. Dann habe ich sie einmal angerufen und gesagt, ich sehe deinen Kopf vor mir, der ist was Besonderes, dein Kopf. Und von da an begann die Freundschaft.

MR Seht ihr euch regelmäßig?

EE Also wir sehen uns kaum. Aber immer an Weihnachten. Heiligabend versammelt sie mich und meinen Sohn und andere Leute um sich.

MR Kannst du dich noch an diese Fotos erinnern, an diese Situation? Das war bei einer Demonstration in Berlin. Mit Punks.

EE Mit was?

MR Scheinbar mit Punks. Und du bist da mitgelaufen.

EE Das könnte diese Befreiungszeit sein. Denn ich habe auch einen Stock und ein Schild dabei. Und auf dem Schild stand: »Es lebe die Straße«.

MR Es lebe die Straße?

EE Weil damals im *Neuen Deutschland* stand: »Die Auseinandersetzungen müssen doch nicht auf der Straße ausgetragen werden.« Aber natürlich müssen sie das!
Es gab eine Demonstration und ich hatte einen Stock. Da habe ich lange herumstudieren müssen, wie ich jetzt das Schild an dem Stock festkriege.
Also: »Es lebe die Straße.«

MR Hat man dich deshalb verhaftet?

EE Bitte?

Elke Erb bei einer Demonstration, Berlin, 1980er-Jahre
(Fotos: © Nachlass / Estate Helga Paris)

MR **Haben die dich nicht verhaftet?**

EE Dafür war keine Chance mehr. Dafür war es schon zu spät. Aber ein andermal, da haben sie alle Leute eingefangen, die auf der Straße demonstriert haben, und sie zur Polizei gebracht. Ich war gerade in Wuischke.

MR **Wurden auch Freunde von dir verhaftet?**

EE Freunde nicht, aber Bekannte. Jedenfalls mussten die bei der Polizei mit den Armen über dem Kopf an der Wand stehen. Und ich hatte – als ich zurückgekommen bin, da hatte ich das Gefühl, ich habe ein Messer in der Hand und die Klinge bebt.

MR **So einen Zorn hattest du.**

EE Ja. Und dann habe ich noch gedacht, wenn ich da gewesen wäre, die hätten mich nicht ... ich weiß, ich hatte zwei-, dreimal in meinem Leben einen Zorn, von dem ich wusste, dass, wenn er auftritt, dann ist der andere geschafft. Gegen einen solchen Zorn kommt niemand an.

MR **Die Verhaftungen haben dich sehr empört.**

EE Die konnten doch diese Leute nicht an die Wand stellen. Was fiel denen denn ein! Was soll denn das heißen? So viel bürgerlichen Anstand hatte man doch immer noch gehabt!
Die Leute an die Wand zu stellen – das war Faschismus im Gewand des Sozialismus. Natürlich nicht in allerletzter Konsequenz, aber dennoch ... eine einzige riesige Scheiße.

Sich eine Brosche auf die Hüfte nageln

MR 1987 hast du *Kastanienallee* herausgebracht, ein die Gattungsgrenzen kühn überschreitender Gedichtband, für den du ein Jahr später den Peter-Huchel-Preis erhalten hast. Darin finden sich die Zeilen: »Nicht mehr der ausschließliche Text, allein auf weißer Wüste, / sein autistisch behinderter Alleinvertretungsanspruch, / umgeben von Unaussprechlichem«.
Du hast die Gedichte in *Kastanienallee* durchgehend kommentiert, kein Gedicht steht allein, jedes ist Auslöser neuer Assoziationen und Reflexionen.

EE Darüber bin ich wirklich sehr glücklich, über diesen Wortwechsel, in den ich mit meinen Kommentaren zu den Gedichten eingetreten bin. Ich ging erst mal vom Wort aus, von dem Begriff, den ich im Text verwendet habe, und dann wandte ich mich den etymologischen und klanglichen Beziehungen zu.
In *Kastanienallee* ist alles da. In diesem Buch wird gemauert und gebaut. Ja, ich weiß noch genau, wie glücklich ich darüber war.
Und auf einmal entstand etwas Merkwürdiges. Es steht alles vor dir, ist eigentlich fertig, aber du hast das Vertrauen in dir, dass die Reise noch weitergehen kann im Zwiegespräch zwischen den Gedichten und den Kommentaren.

MR In *Kastanienallee* werden Gedicht und Reflexion zum gleichberechtigten Gegenüber. Und irgendwann weiß man gar nicht mehr, was spannender ist: dein Gedicht oder dein Kommentar zum Gedicht.

EE So soll es sein. Ein Perpetuum mobile aus Denken und Sprache.

MR Mir erscheint dieses Buch wie ein unter ständiger Hitze gehaltener Kochtopf, der nicht aufhört, vor sich hin zu blubbern. Ein

Elke Erb: *Kastanienallee*
(Aufbau-Verlag, Berlin und Weimar), 1987

Labor, in dem ständig weiter geforscht und experimentiert wird.

EE Das hast du gesehen, ja?

MR Das habe ich so empfunden. Das macht es für den Leser aber auch ein bisschen anstrengend, weil er nichts fertig serviert bekommt, sondern sich dauernd neue Seitenpfade eröffnen. Manchmal erhofft man sich von der Kunst ja auch, dass sie die Welt ein wenig einfacher zeigt, als sie in Wirklichkeit ist, weil man es sonst ja gar nicht aushält. Wie bist du denn auf die Idee gekommen, deine Gedichte selbst zu kommentieren?

EE Ich hatte das Gefühl, die Texte sind keine Einheit, da fehlt noch was. Ich muss noch etwas Verbindendes machen. Ich sagte mir, jetzt gebe ich noch mein Ich dazu. Das, was ich mir beim Lesen der Texte denke. So hat sich das dann entwickelt.

MR Und war nicht mehr zu bremsen.

EE Sagen wir, ich konnte die Möglichkeiten, die sich daraus ergeben haben, nicht zurückweisen.

MR Das Füllhorn öffnete sich.

EE Ja, und hat sich seitdem nicht mehr geschlossen. *(lacht)*

MR *Kastanienallee* beginnt mit diesem Gedicht:

> *KASTANIENALLEE, bewohnt*
>
> Im Treppenhaus Kastanienallee 30 nachmittags
> Und halb fünf roch es flüchtig
> nach toten, *selbstvergessenen* Mäusen.
>
> 1.1.1981

MR Das hast du genau so erlebt bzw. gerochen am 1. Januar 1981 im Haus Kastanienallee 30?

EE Na, hör mal, ich habe noch nie etwas Ausgedachtes geschrieben. Ich lüge nie, ich schöpfe immer aus der Realität.
Ich suchte vielleicht jemanden in diesem Haus in der Kastanienallee, so genau weiß ich das nicht mehr.

MR In *Kastanienallee* gibt es die schöne Passage: »Ich muß mir verweisen, der Habicht dessen zu sein, was ich nicht erreichen kann, denn ich muß vermuten, daß ein von meinen herkömmlichen Bedingungen entstelltes Ideal oder ein von entstellten Bedingungen abgeleitetes, rückständiges Ideal Herrschaftsansprüche erhebt, oder, wieder ein Bild, eine Glucke den Entenküken auf dem Teich, die sie ausgebrütet hat, nachweint.«

EE Das ist doch ganz einfach, so, als wenn man sich eine Brosche auf die Hüfte nagelt. Das Wort »Habicht« ist wie eine Brosche, die man auf etwas anderes draufsetzt. Du siehst, ich kann das sogar definieren, aber nur nach dem Gefühl. Obwohl ich früher das Gefühl hatte, ich habe gar kein Gefühl.

Es gab zwar schon ein Selbstbewusstsein, als ich zu schreiben anfing, aber wenig Sicherheit für das Gefühl. Ich weiß noch, wir haben in der Oberschule gemeinsam einen Film angesehen und alle lachten sich darüber kaputt. Nur ich stand dabei und sagte, ja, das gibt es alles, was der Film da zeigt, und lachte nicht.

Das Lachen der anderen hat mich nicht erreicht, ich habe es nicht gefühlt. Ich habe nur gesehen, dass die anderen lachen, es war wie plätscherndes Wasser, ein plätscherndes Wasser, dem man zuschaut, weil man gerade zufällig in der Nähe ist.

Psychische Algebra

MR Cornelia Jentzsch spricht in einem Aufsatz über deine Kommentierungen eigener Texte, sie beschreibt, wie durch die Kommentierung neue Wachstumsringe entstehen um einen bereits vorhandenen Kern, und wie dieser Textbaum immer weiterwächst. So könntest du ein Leben lang an einem einzigen Text arbeiten, ihn immer wieder neu kommentieren, bis die ganze Welt drin wäre in diesem endlos weiterwachsenden Text. Es gab da einen Maler, Peter Dreher, der fast 50 Jahre lang unter dem Titel *Tag um Tag guter Tag* täglich dasselbe Glas vor demselben Hintergrund gemalt hat. Du fokussierst dich völlig auf eine Sache, du gehst da immer tiefer rein, und das Bild wird dabei immer reicher.

EE Das sind das fleißig arbeitende Bewusstsein und das genaue Hinschauen. Viele passen nicht auf und gucken nicht richtig hin. Ich habe diese Vielzahl von Bewegungen um mich herum früher auch nicht verstanden. Ich habe das nicht gesehen.

MR Es geht darum, immer gegenwärtig zu sein – geistesgegenwärtig.

EE Das ist so ein schönes und passendes Wort. Und lebt von seinen Lauten auch, dieses Wort. Da ist der Geist gleich mehrfach drin. Wobei ich immer dieses innere Gefühl habe, das ist irgendsoein Dämlack, was ich bin.

MR Das denkst du über dich?

EE Ja. Irgendsoein Trottel. Ohne jede Güte wird von mir irgendetwas angesehen in mir. Etwas Trotteliges, etwas, das döst – also ein Döslack.

Mein Großvater hat so gesprochen: Sie sind mir ein feiner Herr, Sie Döslack.

Elke Erb, Literarisches Colloquium Berlin, Juni 1991
(Foto: Renate von Mangoldt)

MR **Warum siehst du dich als Döslack?**

EE Das ist die traurige Variante von mir. Irgendwas in mir, was mich traurig macht und *truren* lässt, mittelhochdeutsch gesagt – da steckt die Trauer schon in den Lauten. Vielleicht durch andere verursacht ...

Aber weißt du, während des Arbeitens bin ich dem nicht ausgesetzt. Wenn ich arbeite, kann ich nicht leiden, weil ich mich dann ja von diesem Leiden löse.

Das ist also ein bewegliches Verhältnis, ich bin nicht grundsätzlich leidend.

MR **Das Leben lässt einen auch leiden.**

EE Aber selbstverständlich!

MR **Du hast Phasen gehabt, wo es dir gar nicht gut ging.**

EE Aber natürlich. Ich war zweimal in der Nervenklinik. Das ist schon ein Grenzbereich.

MR **Hast du jemals an Selbstmord gedacht?**

EE Nee.

MR **Das Leben war dir immer wertvoll?**

EE So gesehen nicht.

MR **So gesehen nicht?**

EE Du hast gerade den sowjetischen Schriftsteller und Revolutionär Nikolai Alexejewitsch Ostrowski zitiert: »Das Wertvollste, was der Mensch besitzt, ist das Leben. Es wird ihm nur ein einziges Mal gegeben, und nutzen soll man es so, daß einen die Schande einer niederträchtigen und kleinlichen Vergangenheit nicht brennt, und daß man sterbend sagen kann: Mein ganzes Leben, meine ganze Kraft habe ich dem Herrlichsten in der Welt, dem Kampf um die Befreiung der Menschheit gewidmet.«

MR **Das war Zufall, Ostrowski sagt mir nichts.**

EE Das Zitat ist aus seinem Roman *Wie der Stahl gehärtet wurde.* Benutzen sollst du es. Das Leben. *Benutzen!* Das musst du dir mal vorstellen. Da stimme ich Ostrowski nicht zu.

Und dieses Suizid-Ding ist sowieso rätselhaft. Das hat vielleicht damit zu tun, dass Menschen innen etwas haben, wodurch sie sich selber schädigen, damit sie immer weniger werden ... Ich habe den Verdacht, dass Melancholiker eigentlich Jäger sind,

die selbst schießen wollen. Das ist psychische Algebra. Die wollen eigentlich jagen, können aber nicht jagen, und schießen dann auf sich selbst.
Das Kriegerische ist ganz nackt und unschuldig in sie hineingekommen und kann nicht mehr heraus. So in etwa. Und damit nehme ich die Bezichtigung vom Vorwurf wieder zurück.

MR Vom Vorwurf?

EE Ich hatte Selbstmördern ja etwas vorgeworfen. Aber die sind doch eigentlich ... pass mal auf, pass auf, die wollen doch eigentlich sowieso ... die sind doch ... egal, der Vorwurf wird hiermit zurückgenommen.
Weißt du, was am besten wäre: Wenn man die Weltschöpfung noch einmal neu bestellen könnte. Das wäre gut, wenn das ginge.

Drei Männer

EE Es ist komisch, drei Männer haben mich gedrückt.

MR **Drei Männer?**

EE Ja, Heiner Müller, Ernst Jandl und Günter Grass.

MR **Wie meinst du das?**

EE Direkt um die Wende herum, als das ganze Ding gerade wegschwamm, bin ich mal ins Literaturhaus in der Fasanenstraße, gehe die Treppe hoch, und plötzlich steht da der Heiner Müller vor mir, knallbesoffen, und umarmt mich ganz fest. Da habe ich begriffen, ich bin für ihn ein Zeichen für das, was in der DDR lebte. So eine Art Figur.

Der Müller hat mich umarmt und gedrückt und nichts gesagt, aber ich habe genau gespürt, ich war für ihn keine *im* System befindliche Figur. Dass ich integer war, dafür hat er mich gedrückt.

MR **Habt ihr euch öfter gesehen?**

EE Ich habe Heiner Müller mit Beifall gelesen und ihn manchmal besucht. Er hatte so eine Art, einen am Ellenbogen zu fassen, dass man dachte, man ist schon verheiratet.

Heiner Müller hat sich nicht gerne mündlich erklärt, er brachte immer Schriften an und sagte zu mir, ich solle das jetzt lesen. Ich sitze also da und er erklärt nichts, sondern sagt nur, lies erst mal dies, und dann das. So haben wir miteinander kommuniziert – über das Lesen von Texten.

MR **Und Ernst Jandl hat dich auch gedrückt?**

EE Ja. Aber das war woanders, ich weiß nicht mehr, wo. Ernst Jandl wollte den Kommunismus, die sozialistische Perspektive, nicht vermissen. So wie der Jandl geschrieben hat, da glaubst du doch nicht, welchen Bezug er zum Osten hatte. Aber er hat gute Antennen gehabt. Und auch 1985 das tolle Vorwort geschrieben zu *harm. arkdichtung 77,* dem ersten Buch des damals noch völlig unbekannten Bert Papenfuß.

MR **Und wie war das mit Günter Grass?**

EE Der ist mir mal nach einer Lesung aus *Das Treffen in Telgte* in die Arme gestolpert. Diesen Text habe ich gefeiert. Und dann ist Grass fertig, kommt runter vom Podium, läuft auf mich zu und fällt mir in den Arm.
Weißt du, *Das Treffen in Telgte* war schön, und *Die Blechtrommel* war auch gut, aber dann habe ich nichts mehr von ihm gelesen – Grass wurde, glaube ich, immer vorhersehbarer.

Günter Grass und Elke Erb bei der Veranstaltung »Demokratie oder Utopie – Geschichte als Figur von literarischen Texten«, Literaturwerkstatt Berlin, 15.12.1994 (Foto: ©gezett)

Elke Erb: *Winkelzüge oder Nicht vermutete, aufschlussreiche Verhältnisse* (Edition Galrev im Druckhaus Galrev, Berlin), 1991

Ich gebe die Liebe, die mir fehlt

MR 1991 ist im Druckhaus Galrev *Winkelzüge oder Nicht vermutete, aufschlussreiche Verhältnisse* erschienen. 453 Seiten intensivste Reflexion über das Denken und Schreiben in immer wieder neuen gedanklichen und sprachlichen Aufstellungen. Wie lange hast du an diesem Buch gearbeitet?

EE Ich glaube von Sommer 1983 bis Ende 1989. Die erste Notiz zu diesem Buch habe ich auf die Rückseite eines Briefumschlags geschrieben: »Draußen regnet der heilige Frühling / – Wie aufgesperrte Schnäbel von Vogeljungen immer die Regungen«. Na, das ist doch mal ein Anfang!

MR Wie sah dein Arbeitsansatz für die *Winkelzüge* aus?

EE Es ging um eben die Regungen, denen ich mich gegenübersah. Regungen wie aufgesperrte Schnäbel von Vogeljungen, dieses Bild kam wie von selbst. Und es ging um eine verlorene Liebe, also auch um die Frage: Werde ich denn noch lieben?

MR Sechs Jahre lang hast du an den *Winkelzügen* gearbeitet?

EE Natürlich nicht ständig, aber immer wieder – die direkt dafür aufgewendete Arbeitszeit schätze ich auf zweieinhalb Jahre. Ich habe den Briefumschlag im Sommer in Wuischke herausgekramt, da hatte ich immer eine Matte auf dem Kopf, mit der bin ich über den elektrisch geladenen Kuhzaun gestiegen und habe mich auf die Wiese gelegt, oder unter die vier Apfelbäume. Da lag ich dann und habe an den *Winkelzügen* gearbeitet.

Irgendwann war ich wieder in Berlin und stehe da und weiß plötzlich, dass ich nicht mehr weitermachen kann, wenn ich nicht auf alles um mich herum antworte mit dem nächsten halben Wort. Das war so, ich musste alles in mir haben. Ich musste regelrecht dasitzen und das Fenster auf mich wirken lassen mit seinem Licht, ich musste warten und alles in mich aufnehmen.

MR **Exerzitien der Wahrnehmung …**

EE Nachträglich kann man das so nennen, aber erst später wurde mir bewusst, von welch eminenter Bedeutung die *Winkelzüge* für meine weitere Entwicklung waren. In *Start*, einem Text von 1992, habe ich geschrieben, dass ich mit der Arbeit an diesem Buch endlich »eigenes Land unter den Füßen hatte«. Und weiter: »Es war, als seien Leben und Schreiben von nun an eins, und ein Schuldgefühl, ein Ungenügen, an das ich mich vordem herangeschrieben hatte, war erlöst.«

MR **Wie kamen die Zeichnungen von Angela Hampel dazu?**

EE Das hat Sascha Anderson besorgt. Angela ist dann mit Zeichnungen zu mir gekommen, die sie nach der Lektüre der *Winkelzüge* gemacht hatte. Und dann habe ich die Zeichnungen mit ihr in den Text eingesetzt und es ergab sich, dass ich dadurch das Buch gliedern konnte.

MR **Ich muss gestehen, ich habe die *Winkelzüge* nur quergelesen.**

EE Ja, guck mal, so viel Zeit hat der Mensch ja nicht.
Andererseits gefällt mir das strikte Wesen dieses Buches: Etwas verfolgen und nicht aufgeben. Das hat ja auch eine gewisse geometrische Logik und Konsequenz, dieser ganze theoretische Vollzug.
Ich weiß noch, dass ich dasaß und dachte, jetzt können dir nur noch ein Mathematiker oder ein Philosoph helfen. In diese Höhe habe ich mich begeben. Wobei ich mir dachte, ich könnte als ein fremdes, dazukommendes Wesen innerhalb einer Mathematikerrunde durchaus etwas Entscheidendes beitragen. Es war ziemlich ambivalent.

MR **Wie meinst du das?**

EE Du hast auf der einen Seite das Gefühl, du musst dich jetzt so richtig durchfressen durch das Ganze, und auf der anderen Seite reitest du auf einer Welle größtmöglicher Freiheit.

MR **Ein schwer erkämpftes Vergnügen.**

EE Es war auf jeden Fall eine richtig schwere Arbeit.

Und als das Buch dann endlich fertig war, dachte ich, das war jetzt eigentlich zu viel für mich. Als ob ich die ganze Zeit über spitze, harte Berggipfel gewandert wäre.

MR **Bist du denn mit dem Ergebnis zufrieden?**

EE Ich habe mit diesem Buch etwas geschafft, das schwer zu schaffen war.

MR **Im Schlussgedicht von *Winkelzüge oder Nicht vermutete, aufschlussreiche Verhältnisse*, es heißt *Verwandlung*, findet sich die folgende kleine Passage:**

> Eins *Ich suche die Liebe, die mir fehlt.*
> Zwei *Ich gebe die Liebe, die mir fehlt.*
> Drei *Ich habe die Liebe, die mir fehlt.*

EE Das ist fein, nicht?

MR **Das ist wie ein poetischer Dreisatz.**

EE Es ist etwas besonders Gutes darin. In diesen drei Sätzen. Die spielen, sagen wir mal, den logischen Ablauf völlig an den Rand. Das sind diese feinen Unterschiede, die fangen jetzt an zu tanzen bei mir.
Wenn ich sage: »Ich habe die Liebe, die mir fehlt«, dann ist das ja absolut unlogisch. Es ist, wie wenn du etwas aufbaust aus Holzstückchen und gleichzeitig auseinanderfliegen lässt.

MR **Wobei, so unlogisch ist das ja gar nicht – vielleicht habe ich die Liebe, die mir fehlt, ja tatsächlich in mir.**

EE Ja, guck, weißt du an was mich das erinnert? In Halle gab es damals einen Dachboden mit einer Kiste voller weggetaner Bücher. Und als ich einmal in dieser Kiste kramte, fiel mir so ein gelbes Buch in die Hände und da stand drauf: »Du bist reicher als du denkst.«

MR **Das könnte der Punkt sein.**

EE Ja, da ist etwas ... natürlich ist es so. Aber es ist nicht so einfach, das dann einzufangen mit einem Schmetterlingsnetz. Schau dir mal den zweiten Satz genauer an: »Ich gebe die

Liebe, die mir fehlt.« Das ist ein schlanker Positionswechsel, aber auch wieder sehr logisch. Du hast eine Vorstellung von einem Mangel, den gibst du nach außen, und so wird aus dem Mangel plötzlich ein Plus. Minus mal Minus ergibt Plus.

MR **Das ist raffiniert – dein Dreisatz könnte so manche Religion ersetzen.**

EE Allerdings. Da siehst du mal, das Geschmeide ist überall einfach da. Das ist so.

Von links nach rechts: Elke Erb, Bert Papenfuß, Klaus Michael, Egmont Hesse, Cornelia Jentzsch, Rainer Schedlinski, Niko Tenten, Leipziger Buchmesse, April 1991 (Foto: Susanne Schleyer / autorenarchiv.de)

Abgedreht

MR **Hattest du damals eigentlich auch mit Wolf Biermann Kontakt?**

EE Der gehörte eher zur Generation vor mir.

MR **Hattest du keine Berührungspunkte mit ihm?**

EE Kaum. Ich habe ihn auch nicht geschätzt. Seine Verse waren mir zu populär, irgendwie so ein normales Gereime.

Und dann ist er ja auch umgefallen. Mit seinem »Georg Büchner hat gesagt: Friede den Hütten, Krieg den Palästen. So viel zum Golfkrieg.« Also dem Angriff der Amerikaner auf den Irak. Da hat Biermann für die Amis gesprochen. Seitdem ist er ein bisschen abgedreht.

Mit seiner Ignoranz gegenüber der Szene am Prenzlauer Berg hat sich Biermann auch keinen Gefallen getan. Er war ihr gegenüber sehr ungerecht.

Damit ist eigentlich alles zu ihm gesagt.

Was machen eigentlich die Germanisten?

MR **Wie wichtig sind dir Freunde?**

EE So eine Freundschaft, ich weiß gar nicht, was das sein soll. Ich hatte keine, glaube ich.

MR **Du hast keine Freunde?**

EE Nicht so richtig. Ich hätte das schon als Kind weiterführen müssen. Als Kind hatte ich mal einen »Bübi« zum Freund. Den, dachte ich, werde ich dann heiraten, da war ich etwa acht Jahre alt. Nach meiner Meinung war das ein enger Freund. Ob das für ihn auch so war, kann ich nicht sagen.

MR **Also würdest du sagen, du hast gar keine richtigen Freunde?**

EE Nein, ich glaube nicht. Ich sehe dich jetzt vor mir, und natürlich bist du mein Freund, verstehst du, das ist eine Frage des jederzeit Möglichen und nicht ein Ding der Logik und der Dauer. Ich hatte auch eine Zeit, in der ich mir dachte, ich kenne keine Feindschaft, ich weiß gar nicht, was das ist. Irgendjemand hat mir dann erklärt, ein Feind ist der, der dich weghaben will. Ist das nicht gut?

MR **Du hast auch keine Feinde?**

EE Nein. Ich würde es nicht wissen.

MR **Und bist auch nicht aggressiv?**

EE Aggressiv bin ich enorm. Ich gehe sofort los, es ist nicht so, dass ich sanft wäre. Also ich kämpfe ... ich mache – ich bin, glaube ich, im Verhalten stark. Das ist aber noch nicht so sehr lange her, vielleicht 10 bis 15 Jahre. Ich hasse auch viel zum Beispiel.

MR **Wen oder was denn?**

EE Ich hasse zum Beispiel diese Scheißübersetzer. Was die dauernd für eine Kacke machen! Diese Übersetzungen aus dem Mittelhochdeutschen. Ich hasse das! Wenn ich schlechte

Übersetzungen lese, schreibe ich ein Schimpfwort nach dem anderen an den Rand. Ich halte das gar nicht aus – schlechte Übersetzer sind solche Idioten und Blumenkohlköpfe.
Ich komme davon nicht ab, ich werde mich darüber immer und immer wieder empören!
Wie könnte ich damit auch jemals fertig werden? Denn was dahintersteht, ist schlimm: Die wachsen auf, dann kommen sie an die Universität, gehen in ein Seminar, und dort wird ihnen unter Ausschaltung des eigenen Kopfes etwas gelehrt. Dies und das dürfen sie – und dies und das dürfen sie nicht. Das findet vor allem statt bei den Professoren gegenüber den Studenten. Da habe ich von einem gehört, der sollte eine Examensarbeit machen und herausfinden, wo überall in einem Stück von Jean Racine das Wort »Glück« vorkommt. Da langst du dir doch an den Kopf – das ist einfach nur eine Tortur. Verstehst du, was ich meine?

MR **Das nennt man dann wohl Ausbildung eines freien Geistes.**

EE Das ist doch Schwachsinn! Das ist ein ganz gemeines Verfahren innerhalb einer gesellschaftlich vorgegebenen Kombination. Von einem Professor, der selber nicht ausgereift ist.
Was hat die Literaturwissenschaft in den letzten 30 Jahren denn Aufregendes hervorgebracht? Was machen eigentlich die Germanisten den lieben langen Tag?
Ich weiß nicht, was die heute machen an den Universitäten. Bei uns war das damals indiskutabel. Die Professoren waren einfach indiskutabel. Sie waren nicht gut, sie waren nicht produktiv, sie waren einfach nur angepasst.

MR **Warst du je daran interessiert, selbst an einer Universität zu arbeiten, zu lehren?**

EE Davon habe ich ja gar keine Ahnung.

MR **Also wenn du keine Ahnung hast, wer dann? Du machst doch dein ganzes Leben nichts anderes, als dich mit Texten zu beschäftigen.**

EE Ja, aber ich habe keine Ahnung von den jungen Menschen. Nur diese Seminargruppe, in der ich damals selber als Studentin war, da habe ich mal gesagt, so, jetzt ist Schluss, jetzt gehen wir

Elke Erb, ca. 1986
(Foto: Pieter Vandermeer)

mal alle in den Text und schauen uns den ganz genau an. Das war, als ob ich selbst ein Seminar halten würde. Und das war auch gut. Aber ich konnte es nicht weiterführen, weil wir als Studenten nie Zeit hatten. Du musstest ständig was anderes machen, du hattest nie richtig Zeit.

MR **Und der Professor hat dich diese Textarbeit mit den anderen machen lassen?**

EE Der hat das doch gar nicht gewusst. Das lief unterhalb seines Radars.

Vielleicht ist es in anderen Disziplinen besser, ich weiß es nicht. Aber ich habe Deutsch studiert – und das war eine Dauerenttäuschung.

Ich hatte immer riesige Lust, zu lesen, und als ich dann Deutsch studiert habe, habe ich die Lust am Lesen verloren, weil man jedes Buch nach Vorschrift sezieren musste – bis auf, sagen wir mal: Armstumpf und Beinstumpf.

Man hat die Bücher amputiert – die zappelten dann als Torsi durch die Gegend. Und die Professoren haben sich über die Literatur erhoben. Das fand ich auch schlimm. Die haben immer so getan, als wüssten sie, warum dieses oder jenes Buch entstanden ist, und dabei sind die Bücher doch viel klüger als die Professoren. Aber das wollten die nicht wahrhaben.

Deswegen habe ich auch immer gesagt, am schlimmsten für die Professoren sind lebende Autoren, weil die noch widersprechen können. Erst wenn sie tot sind, können die Professoren alles über sie und ihre Bücher behaupten. Deshalb beschäftigen sich die Professoren auch viel lieber mit toten Autoren.

Wenn du merkst, dass dein Gehirn denkt

MR **Ist es nicht eine schöne Vorstellung, dass sich in 100 Jahren vielleicht mal jemand mit einem Gedicht von dir beschäftigt?**

EE Nö.

MR **Nö? Ist dir das wurscht?**

EE Absolut, ich habe nie für so etwas gearbeitet. Ich habe auch nie irgendwelche Texte ohne Aufforderung irgendwohin geschickt. Das habe ich so mit mir abgemacht, wie bei einem ordentlichen Handwerker.

MR **Du hast nie geschielt nach Lob und Anerkennung?**

EE Nein, ganz gewiss nicht – obwohl, wenn jemand etwas erkennt durch mich, dann freut mich das natürlich. Da siehst du mal, wie ich bin.

MR **Du freust dich über die Anerkennung von anderen, aber sie ist nicht Voraussetzung für das, was du tust.**

EE Es wundert mich eher. Man ist doch auch ein Zoon politikon, das heißt, es geht immer um alle und alles. Und da ist so viel Freude auch nicht gegeben. Es geht dabei nicht um mich. Merkwürdigerweise taucht in den letzten Tagebüchern, die ich durchgeschaut habe, dauernd auf: Ich habe keinen Ehrgeiz. Das ist sehr seltsam.

MR **Du arbeitest Tag und Nacht wie eine Irre. Und dann sagst du, ich habe keinen Ehrgeiz?**

EE Das ist lustig, denn das sagst du richtig. Ich schreibe in den Tagebüchern ja stets die Uhrzeit meiner Notate hin – da ist es mal 12.00 Uhr, mal 13.05 Uhr, und mal 5.00 Uhr morgens ...

MR **Was treibt dich an?**

EE Ich wache einfach auf, das Hirn ist dann ausgeruht und geht wie ein Tier in einen neuen Angriff.

MR **Du musst dir das nicht vornehmen?**

EE Nein.

MR **Du sagst dir nicht, ich muss jetzt arbeiten?**

EE Auf keinen Fall, es kommt ja von allein.

MR **War das schon immer so?**

EE Du willst doch die Gesellschaft, die dich umgibt, verstehen. Und dann fängst du eben damit an: Warum wird es denn nichts mit dem Sozialismus? Dann sagst du, ich muss jetzt mal prüfen, warum es nichts wird. Ich kann dazu meine eigenen Voraussetzungen prüfen. Die sind ja die gleichen wie bei den anderen Menschen – Schule, Ausbildung und so weiter. Und auf der anderen Seite beobachtest du die Welt um dich herum, die ist ja immer dabei. Wie die Tasse am Henkel, nee, wie der Henkel an der Tasse.

Jetzt hören also die Kinder in der Schule: Das hier ist der Sozialismus. Dann sagen die, was, das soll der Sozialismus sein? Und schon haben sie einen Begriff von Sozialismus. Wie auch immer.

MR **Du prüfst also deine Voraussetzungen, prüfst sie als Beispiel für die Gesellschaft?**

EE Ja. Und ich weiß noch, ich wollte unbedingt rauskriegen, wie das alles läuft. Man hat es doch nicht gewusst. Und weißt du, es lohnt sich nicht, auf den Stalin zu schimpfen, das lohnt sich nicht, du bist doch kein Prophet, also schaust du am besten erst mal auf dich selbst.

MR **Das siehst du als deine Aufgabe ...**

EE ... das ist keine Aufgabe, nein, doch keine Aufgabe. »Aufgabe« hat übrigens einen sehr netten Doppelsinn: Man hat es aufgegeben. Andererseits ist eine Aufgabenstellung etwas, was das Hirn anwirft – ich würde gerne dies und das verstehen. Also stelle ich mir meine Aufgaben selbst. Und irgendwann habe ich begriffen, dass das Hirn gerne denkt. Das war so verblüffend. Und angenehm. Wenn du merkst, dass dein Gehirn denkt. Und diese Erkenntnis treibt dich weiter. Es geht um Erkennen, darum, etwas erkennen zu können, denn der Mensch ist ein arbeitendes Wesen, ein geistig arbeitendes. Du holst dir etwas, du machst etwas damit, und in der Not fluchst du eben.

Es gibt nichts Schöneres

EE Ich bin ja überhaupt eine Solotänzerin.

MR **Du tanzt?**

EE Ach, naja, manchmal.

MR **Wenn der Rücken nicht schmerzt?**

EE Hör mal zu, bei mir tanzt der Text selbst. Das musst du doch schon mal sehen. Und ich tanze auch, völlig ungeregelt.

Der Christian Filips, der hier gewohnt hat, spielte mal in seinem Zimmer Haydn oder so was. Da habe ich zu ihm gesagt: Ich höre nie Musik, ich höre keine Musik. Da hat er die Musik zu mir hergebracht – ich saß also da und hab mir die Musik angehört, und dann bin ich aufgestanden und habe zu der Musik getanzt.

Darauf hat sich in kürzester Zeit bei mir eine Rippe über die andere geschoben. Ohne dass das jetzt so wild gewesen wäre. Aber da habe ich dann ein halbes Jahr daran gelitten. Das war schwer. Denn das kann ja keiner operieren. So verhält sich das. Aber wenn ein Tänzer mir das beibringt – der Christian hat mir es ja vorgemacht: so lange hier, dann da, und jetzt schmal, und nun das –, dann geht das den ganzen Körper rauf.

Das ist wirklich schön. Es gibt nichts Schöneres. Ein Maibaum ist ein Scheißdreck dagegen. Wirklich.

Thomas Kling und Elke Erb, Literaturwerkstatt Berlin, Juni 1996
(Foto: Renate von Mangoldt)

Auf welcher Kirmes schaukeln wir das aus?

MR Ich würde gerne mit dir über das 1995 im Steidl Verlag erschienene Buch *Der wilde Forst, der tiefe Wald – Auskünfte in Prosa* sprechen.

EE »Der tiefe Wald« ist eigentlich ein Begriff aus dem Russischen, wir haben keine Formel dafür im Deutschen.
Ich habe immer gedacht, die Leute würden über den Begriff »der wilde Forst« lachen, das ist doch ein totaler Gegensatz. Aber niemand hat gelacht.

MR Der Verlag hat dieses Buch als deinen »literarischen Beitrag zur Wende« annonciert – gar als eine »Chronik der Jahre 1989 bis 1995«.

EE Ja, ja. Aber die haben sich versündigt an dem Buch und lauter Fehler stehen lassen. Deswegen habe ich das Buch aus dem Verkehr gezogen. Das gilt nicht mehr. Meine Verbesserungen des Buches schreibe ich auf weiße Papierstreifen und lege sie zwischen die Seiten.

MR In dem in *Der wilde Forst, der tiefe Wald* enthaltenen Text *Selbständigkeit* vom November 1989 sagst du: »Wenn unser Selbstbewusstsein wächst, werden wir dann nicht auch selbstbewusst produzieren und konsumieren? Keine mangelhafte Ware, keine Wegwerfware, wie wir selbst nicht Ausschuss und verwerflich sind. Ich stelle mir Gegenstände und Verfahren vor, die nicht über mich herrschen, die vielseitig sind im Gebrauch und stabil, die ich leicht pflegen und weitgehend selbst reparieren kann (anstatt dass sie mich wegen jeder Kleinigkeit zwingen, Handwerker in Bewegung zu setzen), die nicht verführen, täuschen, prangen und drohen.«
Hat sich diese Hoffnung erfüllt?

EE Ach, i wo! Von einer Glättung sämtlicher Missdinge sind wir weit entfernt. Die Wirtschaft hat andere Interessen. Nämlich, dass weggeworfen und neu gekauft wird.
Da sind viele Unternehmer einfach auch dumm, ein angeficktes Feldhuhn.

MR **Was?**

EE Ein angeficktes Feldhuhn, so sehe ich das.

MR **Wie kommst du jetzt da drauf?**

EE Angefickt ist nicht ganz durchgefickt, eben angefickt. Ich bin da ziemlich ungeniert. Und habe auch kein Benehmen. Mich kann man nicht zu einem Benehmen zwingen. Weil ich entsetzt darüber bin, wie andere sich verhalten.
Ich schimpfe so den ganzen Tag vor mich hin: Scheißkerle, Arschbacken ...

MR **Na denn.**

EE Ja, ich schimpfe den ganzen Tag. Dann habe ich mal in Wuischke damit angefangen, dass ich bei jedem Schimpfwort, das ich ausstoße, etwas leisten muss. Bestimmte Dinge. Wie eine fortgesetzte Fleißarbeit.

MR **Als eine Art Selbststrafe?**

EE Ja, um dieses Schimpfen zu beenden. Denn schließlich besetzt dich, was du tust.

MR **Du hast dir also selbst Strafen auferlegt, um dich zu zügeln in deinem Ton.**

EE Ich habe mir gedacht, was machst du denn da? Gut, ich rede sowieso vor mich hin, das macht, glaube ich, jeder von uns. Aber diese Schimpfworte sind doch umsonst. Und wirklich Quatsch.
Ich muss doch nicht dauernd Negativtöne in meine Wohnräume pusten.

MR **Auch nicht, wenn es innerlich kurz Erleichterung verschafft?**

EE Nein, denn es hockt dann ja in dir drin. Du machst dich selbst leidend, wenn du schimpfst.
Aber ich hatte schon ganz gute Schimpfwörter. Zum Beispiel: alte, geplättete Kacke.

MR **Da muss man auch erst mal darauf kommen.**

EE Es war mir schon immer leicht, von irgendeinem impressionablen Eindruck zu einem Wort zu kommen.

MR **In *Der wilde Forst, der tiefe Wald* findet sich auch das Gedicht *Brutofen* von 1990 mit der Passage:**

> »November/Dezember voriges Jahr. Wie erschütterte mich die von den Medien massiv vor Augen gerückte Schande unserer Industrie, der Verfall der Städte, ›die Schuld des Mordes an / der Erde Lieblichkeit und Huld‹ (Annette von Droste-Hülshoff, 1846).«

War das dein Eindruck von Ostdeutschland nach der Wiedervereinigung?

EE Annette Droste-Hülshoff schätze ich sehr, vor allem wegen *Bei uns zu Lande auf dem Lande*, nicht wegen *Die Judenbuche* – das war so eine angestrengte Novellistik, die habe ich nicht richtig aufnehmen können mit meinen Blutgefäßen. Und ja, mich erschütterte, wie kaputt unser Land nach der Wende war – unser Land und unsere Menschen. Die Politiker mit ihren Parolen und die ganzen Stasi-Schnüffler, wo sind die denn hin? Alle ausgewandert? Alle in den Knast gekommen? Oder einfach frische Hemden angezogen und weitergemacht wie vorher – nur mit anderen Parolen und anderen Schnüffeleien? Das sind interessante Fragen, aber auf welcher Kirmes schaukeln wir das aus?

MR **Ich habe keine Ahnung.**

EE Schau dir mal diese Zeilen an: »Und sie wusch ihr Gesicht / in den die Städte durchströmenden Demonstrationen.«
Ja, die Demonstrationen durch die Städte, die waren toll, da war noch alles voller Hoffnung und Möglichkeit und Utopie, aber das hat sich dann wieder verlaufen.

MR **Du hast in *Der wilde Forst, der tiefe Wald* noch etwas sehr Interessantes gesagt, und zwar in dem Text *Adler oder Taube* vom Februar 1991: »Die Geltung der ethischen Belange wächst** an und wird hoffentlich weiterwachsen. Ihr Schicksal hängt zusammen mit dem Zustand der Zivilisation. Es kann kein reiches Europa bestehen neben einem armen Asien und Südamerika, kein Reichtum der Deutschen neben der Armut der Polen und anderer Nachbarn, Rumänien, der Türkei, neben Krieg, Unterdrückung, Völkermord ... Die Probleme der Zivilisation, ich nenne nur die ökologischen, sind nicht zu lösen ohne die Lösung der ethischen Probleme, ohne dass der Fortschritt seinen Berserker-Marsch zu Macht und Reichtum beendet und menschlichere, intelligentere Qualitäten annimmt. Ist er dazu imstande, sehe ich eine Zukunft auch für die Deutschen: Erst wenn sie Leistungen vollbringen, die technische Intelligenz und Güte vereinen, werden auch sie ethisch zu sich kommen.« Damit hast du genau das beschrieben, was wir jetzt erleben. Dass die Menschen aus den armen Ländern flüchten in das reiche Europa.

EE Ja, man kann auch die Ethik mit einer mathematischen Logik behandeln, und so habe ich das hier gemacht.
Aber das ist gar nicht so einfach mit den Flüchtlingen. Die bleiben ja erst mal bei ihren Scheißprägungen, wie sie mit den Frauen umgehen zum Beispiel, das wünscht sich ja keiner. Da ist doch keine Demokratie drin, nur falscher Stolz, und dass sie eben auch reich sein wollen.

MR Es ist wirklich kompliziert, hast du keine Hoffnung ...

EE ... nein, Hoffnung habe ich keine. Nein, weil ich nicht weiß, wie die Menschen sich bewegen, die müssten doch mal nervlich reagieren auf das alles.

MR Einige versuchen es ja, ich hörte in den Nachrichten ...

EE ... ich höre keine Nachrichten, ich hatte zwar mal ein Radio, und früher habe ich auch ferngesehen, aber dann habe ich diese Scheiße abgeschafft.

MR Hast du nicht Sorge, den Kontakt zur Welt zu verlieren?

EE Was?

MR Den Kontakt zur Welt?

EE Es ist doch besser, man trennt sich.

MR Ja?

Elke Erb und Bert Papenfuß, Literarisches Colloquium Berlin, August 1997
(Foto: Renate von Mangoldt)

EE Aber hör doch mal. Ich kann mich da nicht positiv äußern. Wenn ich Kontakt aufnehme zur Welt, dann muss ich doch das alles in meine Psyche nehmen. Und die ist nicht dafür geeignet. Keine Psyche ist im Grunde dafür geeignet.
Ich nehme die Nachrichten auf als eine einzige Unglücksfolge, in der eine Zündholzschachtel an die andere gelegt wird. Wobei ein Streichholz zumindest Feuer bringt.
Nein, das nutzt doch alles nichts. Das führt doch nur zur Abstumpfung.

MR **Also hast du beschlossen, keine Nachrichten mehr zu hören.**

EE Das hat sich einfach so ergeben. Denn was ich selber mache, ist wirklich produktiv. Da ist auch eine Entwicklung, verstehst du, da bin ich mir selbst Objekt.

MR **»Ich kann beobachten, was ich denke, und dennoch denken«, hast du einmal geschrieben.**

EE Ich bin keine Prophetin, trotz meiner westfälischen Anlagen zum Sehertum, aber ich kann mir tatsächlich selbst beim Denken zuschauen. Ich kann beobachten, was ich denke, und gleichzeitig denken. Ich kann schreiben, was ich denke, und dennoch denken.
Das ist wirklich praktisch.

Ehe ich weiß, wie sich's lebt

MR **Seit vielen Jahren kümmert sich der Schweizer Verleger Urs Engeler intensiv um dein Werk.**
Man müsste ihm ein Denkmal setzen für das, was er mit seinen Mitteln und Möglichkeiten für die Verbreitung deiner Texte getan hat.

EE Ja, und weißt du was, Urs gab damals ja die Zeitschrift *Zwischen den Zeilen* heraus, ein hervorragendes Forum für zeitgenössische Lyrik und Autorenpoetik.
Und als *Zwischen den Zeilen* zehnjähriges Jubiläum feierte, da gab es eine Veranstaltung, ich kam bei Urs vorbei, er saß an einem Tisch und sagte zu mir: Weißt du, Elke, dass ich diese Zeitschrift nicht begonnen hätte ohne dich.

MR **Das ist ein tolles Kompliment.**

EE Man kann es nicht begreifen, aber so etwas merkt man sich natürlich.
Und das heißt dann auch, dass du von diesem Verlag, diesem Menschen, keinesfalls irgendwann mal weggehst. Das kommt überhaupt nicht in Frage.

MR ***Mensch sein, nicht*** **(1998) war das erste Buch, das du mit Urs Engeler gemacht hast.**

EE In diesem Buch habe ich jetzt gerade viel gearbeitet und gelesen. Und wenn ich hier sehe: *Entgeisterter Kreis*, dann erinnere ich mich daran, dass das eine Partie von Unglück war, wo ich das und das nicht mehr verstand, und das und das nicht mehr leben konnte.
Und »das und das« im Unterschied zu *Unschuld, du Licht meiner Augen* (1994).

Entgeisterter Kreis

... es rührt auf / ...
nein, es fehlt ... es bleibt aus:
Ermuntern, Befestigen

tauscht ein
Nichtbefestigen, Gleichgültigkeit

gegen mich,
abgeregt

denen ich

(draußen im Abseits im
durchtriebenen Spiel, hintertriebenen
Ernst ... die Hände den Beeten,
der Pflege ... flatterhafte)

mein Vertrauen nicht schenkte
(schenke nicht – falsch: vertraue nicht), sie
sind nicht mehr in der Übermacht – und ich bin
den Tränen nah ...
es rührt auf / ...

14.7.95

EE Das ist pure Unglücksanmeldung.

MR **Dieses Buch ist also ein Stück weit aus dem Unglück heraus entstanden. Wie meinst du das?**

EE Ja, da weint viel, da ist es sehr ...
Hier – hör mal *(sie trägt das folgende Gedicht vor):*

Pferd

Wenn die Traurigkeit die aufsteigende Linie anbahnt:
Ein Ruck-Gefühl, Hast-, Flucht-Impuls, vorwegnehmend

Das Chaos einer Hysterie, die aufkeimt,

aus dem winterlichen Boden ihr winziges Grün spitzt.
Wohin dann, reiterlos, sprenge ich ... ?

16.7.95

MR **Das klingt wirklich sehr verlassen und verloren.**

EE Ja, ja, eben viel Unglück.
Und dann in dem Gedicht *Überzahl in der S-Bahn* diese Ahnung: »Ehe ich weiß, wie sich's lebt, ist es aus.«

Zeichnung von Elke Erb für Urs Engeler zu dessen 50. Geburtstag, 2012

Elke Erb: *Mensch sein, nicht – Gedichte und andere Tagebuchnotizen*
(Urs Engeler Editor, Basel / Weil am Rhein / Wien), 1998

So geht es zu auf der Welt

MR **Ich möchte dich noch gerne nach einem Gedicht aus *Mensch sein, nicht* befragen:**

> *Informeller Mitarbeiter*
>
> Da fand sich einer in Magdeburg.
> Eine Erde hatte sechs Kinder,
> zwei waren semmelblond.

Dieses Gedicht habe ich nicht verstanden. Obwohl es wahrscheinlich ganz einfach ist.

EE Oh ja, das ist wirklich ganz einfach. Was ein IM, ein »Informeller Mitarbeiter« ist, das weißt du. »Da fand sich einer in Magdeburg«. Gut. Und: »Eine Erde hatte sechs Kinder, / zwei waren semmelblond« – also alles in völlig normalen Beziehungen. Besonders dieses »semmelblond«, das ist ja fast so wie in einem Weizenfeld, und da ist eben der eine aus einer Familie mit sechs Kindern Informeller Mitarbeiter geworden. Halt so eine Scheiße von IM.

MR **Hat das »semmelblond« in diesem Gedicht was mit der Vorstellung der Nationalsozialisten von Blond als Haarfarbe einer »nordischen Rasse« zu tun?**

EE Nein, überhaupt nicht, die sind nicht semmelblond. Die sind niemals semmelblond.

Die haben diese guten Wörter nicht. Die haben nur kalte Wörter. Zum Kotzen.

Wenn ich von einem semmelblonden Kind spreche, dann hast du das Gefühl, das isst auch viele Semmeln. Weißt du, dann ist dieses Kind irgendwie gesund und fest. Also nicht anrüchig gebaut, nicht dafür gebaut, das zu werden, was es dann wird – nämlich ein IM.

MR **Hattest du bei diesem Gedicht jemand Bestimmtes vor Augen?**

EE Na klar, den Rainer Schedlinski, der war ja aus Magdeburg. Und der wirkte tatsächlich wie so ein ... also, der hätte wirklich ein gesunder Bauernknabe sein können.
Aber am Ende geht es gar nicht um Schedlinski, sondern es geht um diesen Verrat, der einfach passiert wie ein plötzlicher Nagel im Fahrrad.
So geht es zu auf der Welt.

Gott müsste ein Bad schicken

MR **In einem anderen Text in *Mensch sein, nicht* heißt es: »Während Sexualverkehr mit Minderjährlichen strafrechtlich verfolgt wird, laden wir ungeniert und straflos unsere Denkfaulheit, unser Phlegma in die Hirne der Nachkommen ab.«**
Das ist aber mal wirklich ein sehr zorniger und scharfer Satz.

EE Ja, ich war auch zornig, sehr zornig ...
Ist es denn erlaubt, die Blödheit zu verteilen? Dass diese ganzen Deppen dauernd ihren Mist in die Kinderhirne drücken dürfen. Das musst du dir mal vorstellen. Da gibt es überhaupt keine Strafe dafür. Die Kinder sind doch unser aller Ding, was wir lieben. Aber unsere Denkfaulheit sondert Phlegma in die Kinderhirne ab! Und das bleibt immer so.
Außerdem weiß ich nicht genau, ob ich nicht auch Denkfaules und Phlegmatisches in die Hirne von anderen setze. Obwohl es da nicht unbedingt um Nachkommen geht.

MR **Beziehst du diese Kritik jetzt eher auf die Schule oder eher auf die Familie?**

EE Nein, nicht auf die Familie, auf die Lehrer! Du hast ja Schulzwang und musst bestimmte Dinge lernen, egal, wie dumm sie sind.
Und die Kinder werden so behandelt, als ob sie Dreck wären – es gibt keine gute Achtung. Es gibt vielleicht Lehrer, die gut sind, das ist ja nicht die Frage, aber insgesamt taugt das nichts. Ich habe jetzt – war das gestern oder vorgestern? – mal wieder in *Winkelzüge oder Nicht vermutete, aufschlussreiche Verhältnisse* geguckt. Da ist eine große Beschwerde drin über die Schulzivilisation, die Zivilisation namens Schule, die man da erfährt.

MR **Du hältst nicht viel von Schulen?**

EE So wie ich sie kenne, nicht. Das ist so ähnlich wie mit den Computern. Bauen sie wieder einen neuen, haben sie wieder mehr neue Scheiße gebaut.

MR **An die Schule hast du keine gute Erinnerung?**

EE Nein. Völlig sinnlose Paukerei.

MR **Du bist aber schon eher eine Menschenfreundin als eine Menschenhasserin?**

EE Ja, sicher. Ich hasse nur Ansprüche, die nicht taugen. Bin immer wütend über Funktionäre, über dies und das, über Computer, schlechte Übersetzungen, überhaupt alle, die schlecht arbeiten ...

Gott müsste ein Bad schicken, das einen zum Engel macht.

Christian Borchert: *Ohne Titel*, Fotografie, 1979
(mit der rückseitigen Widmung: »Für Elke! am 6.4.80 von Christian«)

Ich fühle mich überhaupt nicht verbunden

MR **Was hat dir der Fotograf Christian Borchert bedeutet?**

EE Der kam irgendwann an – ich war gerade von der Ehe frei – und sah so aus, als bräuchte er jemanden. Dann war ich das. So hat sich diese Geschichte entwickelt. Einige Jahre später, ich glaube, das war 2000, ist er leider bei einem Badeunfall tödlich verunglückt.

MR **Dieses Foto hier an der Wand mit den zwei sich kreuzenden Birken stammt von ihm?**

EE Ja, das hat er mir damals geschenkt – das Bild ist total edel, das ist wunderschön.

MR **Hat er auch dich fotografiert?**

EE Ja, ja, das hat er – sag mal, heute geht's uns aber gut. Willst du noch was Heißes trinken?

MR **Nein danke dir, gerade nicht. Vermisst du Adolf Endler und Christian Borchert? Vermisst du es, einen Menschen um dich zu haben?**

EE Ich glaube nicht, dass ich sehr auffalle mit Liebesfähigkeit. Man kriegt ja auch nicht zu sehen, was man nicht sucht.
Aber weißt du, was voriges Jahr passiert ist? Und sich auch noch fortsetzt ... Durch diesen Abbau in meinem Oberregime habe ich Zaum und Zügel abgeworfen, was die feinere Form von Demenz ist.

MR **Demenz ist wie Zaum und Zügel abwerfen?**

EE Im Prinzip auch.

MR **Eine Befreiung?**

EE Ja, das ist doch faktisch so. Wenn nur noch das Kurzgedächtnis gilt, aber alles, was alt ist, verschwindet, dann entsteht aus diesem weggeworfenen Regime etwas anderes. Und dann kommt

Elke Erb, 1980er-Jahre
(Foto: Christian Borchert)

es immer wieder vor, dass ich an jemanden denke und plötzlich volle Liebe zu ihm habe. Nicht unbedingt Männer. Männer eigentlich eher nicht.

MR **Können das auch Tote sein?**

EE Nein, natürlich nicht, dann würde ich damit ja nicht weiterkommen.

MR **Also lebende Menschen.**

EE Richtig.

MR **Du verspürst Liebe zu ihnen?**

EE Ja, und dann rufe ich diese Menschen einfach an und sage ihnen das. Hallo, hör mal zu: Ich liebe dich, ich liebe dich!

MR **Du hast mir einmal erzählt, dass du eine Zeitlang die Anrede »Liebe Elke« aus Briefen an dich ausgeschnitten hast, um dich zu versichern, dass du anderen Menschen etwas bedeutest. Machst du das immer noch?**

EE Nein, das habe ich mal gemacht, und das war merkwürdig: Ich wollte eine sichtbare Rückversicherung von außen haben. Außerdem hatte das auch seinen schabernackhaften Reiz. Wenn ich diese Briefschnipsel mal alle zusammenstellen würde, wie sähe das denn aus! Da muss ich direkt lachen.

MR **Schreibst du, um geliebt zu werden?**

EE Nein, das hat mal jemand behauptet, und dann habe ich gesagt: So ein Quatsch! Wenn ich geliebt werden will, da brauche ich doch nicht zu schreiben, da muss ich doch was machen, damit ich geliebt werde, verstehst du?
Schreiben, um geliebt zu werden, das ist ja völliger Unsinn. Und übrigens: Wenn ich es richtig auffasse, dann *ist* Schreiben Lieben, also volle innere Aktion.

MR **Schreiben ist Lieben?**

EE Ja. Das meine ich schon. Du kannst nicht hassen und schreiben. Das tut dir dann auch selbst weh – wenn du aus Hass etwas schreibst. Das tut dir Wort für Wort weh. Wie mit den Knöcheln im Fleisch graben.

MR **Schreiben ist Lieben, das ist eine schöne Gleichsetzung. Dass man nicht schreibt, um geliebt zu werden, sondern dass das Schreiben selbst schon Lieben ist.**

EE Eigentlich kümmere ich mich nicht um solche Sachen. Aber wenn schon, dann solltest du das auch erreichen. Also schalte doch bitte mal deine Beobachtungsfähigkeit ein. Kann man sich das überhaupt vorstellen? Dass man etwas tut, um geliebt zu werden?

MR **Das gibt es, ist aber nicht gesund.**

EE Ja, das meine ich doch. Aber andererseits, wenn der andere gar nicht kapiert, warum ich ihn liebe ... Beim Christian Borchert war das so. Wenn ich ihm zu nahe rückte, fing er plötzlich mit seiner Mutter an. Dann sprach er über seine Mutter und über das unglückliche Verhältnis zu ihr.

Er konnte mich nicht hören. Und wir konnten am Ende nicht zusammenfinden.

MR **Wenn Schreiben Lieben ist, warum veröffentlichst du dann Bücher? Würde es nicht genügen, nur für dich zu schreiben? Bücher zu machen, ist doch ein Schritt nach außen, auf die anderen zu.**

EE Das ist so wie: Die Luft kommt rein, die Luft geht raus. Und du bist wie der Wind. Du bist das Hin- und Hergehen.

MR **Fühlst du dich dabei mit der Welt, mit anderen Menschen verbunden?**

EE Das würde ich nicht sagen. Ich fühle mich überhaupt nicht verbunden. Das stelle ich auch in meinen Tagebüchern fest. Es kommt da sehr gut heraus, dass ich alleine bin.

Das ist aber nicht schonungslos gemeint. Das ist einfach Fakt. Ich brauche das nicht, dieses Verbunden-Sein.

Elke Erb, August 1996
(Foto: Christian Borchert)

Darum geht es nicht

EE Natürlich ist auch mir das Leiden nicht fremd, ich sehe auch das Leiden anderer, ich spüre es sogar in mir, aber das hat nichts mit dem Schreiben an sich zu tun. Nein, wenn ich schreibe, leide ich nicht. Schau mal *(sie öffnet den Band* Mensch sein, nicht*)*. Diese Zeilen liebe ich sehr:

> Gibt es die glitzernde See?
> Und haben wir Schiffe auf ihr?
> Und sind uns die Sterne geordnet?

Das hat sich daraus entwickelt. Und ich kann das auch gar nicht weiter erklären.

MR **Das ist sehr schön. Und kommt das einfach so aus dir heraus?**

EE Ja, ich kann das wirklich nicht erklären. Wie wenn du zwischen zwei Gartenreihen einen Weg entlanggehst – und es wehen dich Düfte an von einem Flieder und von einem Rosenbusch. Aber du siehst den Flieder nicht, und auch nicht den Rosenbusch. So ungefähr.

MR **Und diese Düfte vermischen sich?**

EE Vielleicht, aber darum geht es nicht. Man kann sich über zu viele Düfte doch überhaupt nicht beschweren.

Tanzende Ordnungslust

MR »Wenn man mit den vorgegebenen Formen nicht mehr arbeiten kann«, sagst du, »dann ist man nicht aus der Arbeit heraus, dann geht sie weiter.«
Also ein lebenslanges Suchen, lebenslanges Experimentieren, lebenslange Unsicherheit?

EE Ja, natürlich, eigentlich ist Arbeit doch ein Kontaktbedürfnis, und dass die Horde in einem wirklich gelebt hat. Als Horde. Da geht es auch um Konkurrenz, da musst du kämpfen. Man weiß ja nie, was als nächstes um die Ecke kommt.
Darum geht es doch: sich stellen, neugierig bleiben. Es geht nicht um die Brillanz einer Technik, die du wie eine Monstranz ein Leben lang vor dir herträgst. Sondern darum, ins Risiko zu gehen, wo du natürlich auch scheitern kannst, oder wohin dir erst mal niemand folgen will ...
Wo es bei mir als nächstes hingeht, das kann ich dir wirklich nicht sagen. Ich weiß nicht, wo es als nächstes hingeht. Ich weiß das nie.
Schau mal:

> Ich will nicht zuviel sagen.
> Ich habe einen Brunnen im Kopf.
> Im Hof. Brombeeren.
> Ahso!

Wie komme ich denn dazu, wo ist das denn her? Das mit den Brombeeren.

Weißt du, es ist doch merkwürdig, diese Sätze fließen mir aus der Feder, keine Ahnung, wo sie herkommen, wo sie sich in mir bilden.

MR **Versuch doch mal, es zu beschreiben.**

EE Ich sage einfach: Ihr Sätze, seid mal nicht so geizig, kommt doch jetzt bitte mal raus. *(lacht)*

Nein, als ob eine Wiese plötzlich Blumen hervorbringt oder irgendwelche Gewächse, die sie vorher nicht kannte. Aber klar ist natürlich, eine Wiese, die macht das ja immer. Daran kann ich mich durchaus erholen.

MR **Ohne jedes innere Ringen um das richtige Wort, die richtige Nuance?**

EE Na, einerseits habe ich ein Ordnungsgefühl in mir, versuche, etwas zu fassen und eng zu machen – dann möchte ich es aber auch wieder loslassen und die inneren Verhältnisse zum Tanzen bringen.

Also ein tanzendes Ordnungsgefühl, eine tanzende Ordnungslust, eine Entsprechung im Widersprüchlichen. Es passt eigentlich nicht zusammen, aber es ist so.

Ich kann Sie nur warnen

EE Früher habe ich gerne Boxkämpfe gesehen. Ich bin ihnen im Fernsehen gefolgt.

MR **Welche Boxer waren das?**

EE Das weiß ich nicht mehr. Es war mir auch völlig egal, wie die heißen. Ich hatte hier einen Fernseher stehen und habe beim Mittagessen immer ferngesehen.

Und einmal bin ich nachts mit dem Fuß gegen den Fernseher gestoßen, das war wie ein Zeichen. Ich habe ihn eingeschaltet und dann einen Film gesehen, der war so schön. Da gingen Chinesen in so spießigen Anoraks herum, immer ba ba ba ba ba ba ... Es war unglaublich schön, das kannst du dir überhaupt nicht vorstellen!

Und dann habe ich den Film überall gesucht, den hätte ich mir sofort gekauft, aber ich habe ihn leider nicht gefunden.

MR **Was hat dich denn an Boxkämpfen so fasziniert?**

EE Es war nicht die Gewalt, guck mal, die ist eh nur ein Vorwand. Es war mir auch egal, wer gewinnt. Es war etwas ganz anderes. Du machst etwas, und du bekommst keine Antwort. Und die im Ring machen auch etwas miteinander. Und dann liegt der eine plötzlich da und es wird gezählt – 1, 2, 3 ... Das fand ich sehr interessant, aber es hat sich auch wieder verloren. Ich habe den Fernseher dann in den Keller gestellt und mein Urteil über ihn gefällt: Basta, weg damit. Ja und dann kam da einer und wollte, dass ich irgendwas bezahle, irgendwelche Gebühren. Ich habe zu ihm gesagt, ich habe doch gar keinen Fernseher mehr aktiv, der steht jetzt im Keller, wollen Sie ihn haben? Nein, ich kann Sie nur warnen, habe ich zu ihm gesagt. Bleiben Sie mal lieber auch ohne, stellen Sie Ihren auch weg. Es ist besser so.

Die Weisheit aus den Molekülen

MR **Was würdest du einem jungen Dichter oder einer jungen Dichterin raten? Was zählt wirklich?**

EE Ich würde sagen: Pass auf, es geht nicht um Ehrgeiz. Ich selbst habe lange zu tun gehabt mit dem Abarbeiten von Ehrgeiz. Ich wusste nicht, wo ist der Ehrgeiz in mir, wo kommt er her, woran hält er sich fest?

Es geht beim Schreiben aber doch gar nicht um Ehrgeiz oder Erfolg, oder dass man bei anderen etwas gilt. Das alles hilft dir überhaupt nicht weiter und führt in völlig dumme, falsche Ecken.

So, wie ich irgendwann begriffen habe, dass Eitelkeit etwas von außen Eingegebenes ist – du willst dich sehen mit den Augen von anderen.

Bleib da mal lieber hübsch bei dir. Die Kinder kommen aus den Ehen – die Weisheit aus den Molekülen.

Elke Erb, Garten, Schwedenstraße 17 A, Berlin, 10.1.2008
(Foto: Susanne Schleyer / autorenarchiv.de)

Elke Erb: *Sonanz. 5-Minuten-Notate*
(Urs Engeler Editor, Basel/Weil am Rhein), 2008

Abschwächung des Oberbewusstseins

MR 2008 ist *Sonanz. 5-Minuten-Notate* erschienen. Es hat diese Vorbemerkung: »Mit den ersten Lauten hatte sich, wie man bei einem Instrument vor dem Spiel prüfend einige Tasten anschlägt, mein subkutanes Lebewesen hervorlocken lassen und sich selbst angestimmt, so dass es als leibliches Instrument fortan anwesend blieb!« Wie darf man sich dieses »subkutane Lebewesen« vorstellen? Bei einem unserer Telefonate sprachst du von deiner »unterirdischen Stimme«.

EE Das ist eben unter der Haut, in den Zellen, nicht im Oberbewusstsein. Das Oberbewusstsein ist das, was du außen bist, was du außen siehst. Das andere ist *unter* der Haut. Das habe ich vom Impfen, ich weiß nicht wieso. Das Impfen geht unter die Haut. Subkutan. Ein sehr seltsames Wort.

MR Es ist im Körper, aber man kann es nicht genau lokalisieren. Aber es ist da?

EE Es ist da, natürlich.

MR Der russische Schriftsteller Oleg Jurjew hat *Sonanz* »eines der bedeutendsten Lyrikbücher der deutschen Sprache« genannt. Laut Jurjew hast du mit diesem Buch eine »lyrische Konterrevolution« begangen, »deren Auswirkungen sich in der Geschichte der deutschen Lyrik noch zeigen werden«.

EE Der Oleg hat das gut gesagt. Ich sage dazu auch Unterbewusstsein. Was die Psychologen nicht gerne hören. Sie haben nur das Unbewusste. Die sind eben blöd. Ich habe ein Gefühl von allen möglichen Aufstiegen von irgendwoher. Von unter dem Bewusstsein. Im Bewusstsein ist dieses, jenes, ja, und außerdem noch wechselnd. Aber nicht mit der Zusammenhangskraft des Unterbewusstseins.

MR **Du hast die in *Sonanz* versammelten Texte – nach einigen Vorläufern – im Sommer 2003 begonnen und bis Mitte Juli 2005 fast täglich fortgesetzt, mit ein paar Nachläufern bis in den Sommer 2006. Jetzt hast du aber damit aufgehört?**

EE Es ist sogar so, wenn ich es jetzt versuche, kriege ich das nicht mehr im Echtheitsgrad hin.

Das war ja ein Zufall. Im Herbst 2002 erzählte mir Ulrike Draesner, sie schreibe täglich fünf Minuten lang etwas nieder. Und als ich zu ihr sagte, ich könnte das nicht, meinte sie: Wenn du nicht mehr weiterweißt, schreib einfach immer das letzte Wort, bis die Zeit um ist.

Bei der Übertragung dieser Texte in Buchform geschah dann etwas Überraschendes: Im Moment ihres Eintritts in das Notat agierten die Abschriften autonom und produzierten von selbst poetologische Reize.

Ich habe mich gewundert, wieso dieses unterbewusste Wesen sich immer wieder einmischt in die Strategien und Taktiken des Oberbewussten. Diese ganze Bewegung ist sehr interessant. Viel mehr als ich dachte.

MR **Hast du die Notate stark bearbeitet?**

EE Manche schon. Aber es ist sehr viel sehr authentisch. Ich habe keine Verräterei betrieben.

MR **War das so etwas wie ein Trainingsprogramm zum Sich-wieder-Auswildern? Du hast ja über die Jahrzehnte viel gelernt bei der Textarbeit. War *Sonanz* der Versuch, diese Fertigkeiten zu vergessen und zu einem freieren Sprechen zu kommen?**

EE Das ist die Frage, ob das so ist. Es kann sein, dass all die Textarbeit, die ich gemacht habe über die Jahre, bewirkt hat, dass das untere Ich plötzlich so gut kam. Weißt du, es war nicht verwiesen, es gab keine Normen, ich war schon durch. Ich konnte das tun, ich konnte das tun. Es gab keine Bremsen und kein Nix.

MR **Hast du dich nicht gewundert, was da alles rausgesprudelt ist?**

EE Doch. Wirklich. Sehr, sehr. Es beginnt ja so: Du schreibst etwas hin und weißt noch gar nichts. Und dann schreibst du noch ein Wort. Dazu habe ich nachher gesagt, diese Scheißlautleite,

das Nächste reimst du nämlich. Weißt du? Und nachher wurde das freier. Dann ging das besser durch.
Und das Erstaunliche war, dass ich fühlte, ich gehe ohne jede Voraussetzung auf diese kahle Seite, ja, und unter den Händen bildet sich etwas heraus, was ein Gedicht werden will. Eine Ganzseite, ein komplett zusammenhängender Komplex. Das war das Interessante.

MR Du kannst nicht sagen, wo das herkommt? Oder kannst du dich manchmal daran erinnern?

EE Danach frage ich jetzt nicht mehr. Was mich berührt, ist, was es ist. Und das ist wirklich umwerfend. Ich habe oft geweint dabei. Auch jetzt noch.
Ich glaube, dass damit eine Art Standard erreicht ist, den ich nun weiterzuführen habe.

MR Als Germanistikstudent – wir sprechen allerdings von den 1980er-Jahren – wurde ich in den Seminaren mit den verwegensten Interpretationstheorien konfrontiert. Manch Lehrender, dessen Professur sich auf eine solche Theorie gründete, zwang die Studierenden förmlich zur Übernahme seiner jeweiligen Theorie. Ich fand das fürchterlich, es war für mich das genaue Gegenteil von dem, was ich in Literatur und Kunst immer gesucht habe.
Insofern haben deine *Sonanz*-Texte mit ihrer Dynamik und ihren jähen Assoziationssprüngen für mich etwas sehr Befreiendes. Der Geist landet hier ständig an einer neuen Ecke, um die er gehen kann bzw. muss.
Ich lese einen dieser Texte und mache mir davon eine Vorstellung – drei Stunden später lese ich diesen Text noch einmal und habe sofort ganz neue Bilder und andere Verknüpfungen vor dem inneren Auge. Die Texte in *Sonanz* arbeiten immer weiter.

EE Das ist interessant, was du sagst. Du musst bedenken, dass es ja wirklich sonant ist. Der ganze Ton ist von Anfang an sonant. Und wenn ich erst geschimpft habe: Scheißlautleite – weißt du, ein Wort gibt das nächste. Es ist eine Sonanz durch und durch. Das heißt, es summt miteinander.

Ich denke inzwischen, dass ich sehr viele Worte habe. Ich bin wortreich und habe ganz viel Zeug in mir. Und dessen Freilegung erfolgt durch die Abschwächung des Oberbewusstseins. Es gehört sich so. Dass es von selbst kommt.

Elke Erb im Publikum beim Poesiefestival »Poets' Corner«,
Prenzlauer Berg, Berlin, 27.6.2009 (Foto: ©gezett)

Ein Aufbruch

MR Wollen wir uns einmal eines deiner *5-Minuten-Notate* aus *Sonanz* genauer anschauen, vielleicht diesen Text:

> *Uni-Camp Donnerstag früh*
>
> Kronen, Blüten, Kastanien, Hänge,
> die Landwellen maiengrün
>
> Ein kleines buckliges Auto, huckelt heran
> von außerhalb (es
>
> huckelt so klein und buckelig einsam heran,
> daß du siehst, es fährt selbst).
>
> Die automatische Glastür gleitet. Ihre Hälften,
> dunkel eingefaßt, treffen und trennen sich.
>
> Das Camp stellt ein Architektur-Ensemble
> von den 60ern an in die Landschaft.
>
> Die Gärtnerei ist die feine altenglische.
> Briten. Der Mond diese Nacht war gelb.

EE Das war in einem Camp in England, wo ich im Mai 2004 ein Stipendium hatte. Was für eine Erinnerung mir da noch kommt? Warte. Da kam eben ein kleines buckliges Auto. So ein kleines Töfftöff. Und was ich da sehe, sind »Kronen, Blüten, Kastanien, Hänge« ... überleg mal ... »die Landwellen maiengrün«. Das ist doch einfach. »Ein kleines buckliges Auto, huckelt heran«. Da hast du dieses dauernde sonante Verhalten, »buckliges Auto«, das habe ich früher nicht so betrieben. Der Laut leitet von Wort zu Wort. Das war früher nicht so deutlich. Darum heißt es nicht umsonst: *Sonanz*, weißt du, es »huckelt (...) einsam heran, / daß du siehst, es fährt selbst).« – das kannst du sonst ja gar nicht sehen.

MR **Für dich fährt das Auto alleine durch die Welt.**

EE Ja, du siehst jetzt, es fährt selbst. Das habe ich aber nicht sofort gesehen, das wäre zu viel. Das muss du auch verstehen. Die Aspekte, unter denen etwas gesagt wird, können sich verkleinern, vergrößern, da musst du sehen, wo das herkommen kann. Das kannst du natürlich nicht wissen. Du, jetzt.

»Die automatische Glastür gleitet. Ihre Hälften, / dunkel eingefaßt, treffen und trennen sich.«

Es gibt auf der Welt nur eine Elke Erb, die das sagt, verstehst du. Eine automatische Glastür, ich habe diese Bewegung genau beobachtet.

MR **Es gibt wahrscheinlich wirklich auf der Welt nicht viele, die die Bewegung einer automatischen Glastür beschreiben.**

EE Ja, sicher. Ich glaube aber, dass das, was ich schreibe, überhaupt von mehr gefüttert wird als von äußeren, gegebenen Anlässen. Aber die werden beachtet. Das Auto fährt ja auch selbst! Und die Glastür gleitet hin und her. Das ist assoziativ. Alle Texte in *Sonanz* sind assoziativ.

Und in diesem Fall ist es keine Lautleite, sondern eine Sichtleite – spannend, nicht wahr?

MR **Durchaus.**

EE Und jetzt stellt dieses Camp »ein Architektur-Ensemble / von den 60ern an in die Landschaft.« Mit Studenten, wie in so einem Heim, und da sind die 1960er-Jahre schon deutlich zu sehen mit ihren roten Ziegelsteinen, ja, ein Gebäude, strikt aufgerichtet – die Sprache ist bei mir schon immer ziemlich genau. Und dann gleite ich ab.

MR **Du gleitest ab?**

EE Na klar. »Die Gärtnerei ist die feine altenglische. / Briten.«

Ich gleite ab, und weiß nicht, wo das herkommt. Ich habe es einfach so gesehen. Dass die Briten da sind – vielleicht wegen der Art und Weise, wie sie ihre Gärten anlegen. Das ist doch klar, wenn du den Satz ansiehst.

MR **Und dann geht es in die Nacht: »Der Mond diese Nacht war gelb.«**

EE Wahrscheinlich habe ich das abends aufgeschrieben, oder? Aber wieso »war«? Dann muss ich es am nächsten Tag aufgeschrieben haben, nicht?

Du bist ja allein dort und das ist der Vorteil. Du bist nicht in einer Masse. Du bist ein Mensch allein in einem Studienraum. Ich bin ja sonst auch in Räumen alleine, immer wieder. Und deswegen kannst du dir alles vorstellen, was andere vielleicht vor Augen haben und sich deshalb nicht vorstellen müssen. Du ziehst es heran. Du hast es von selber. Du brauchst es nicht zu sehen in diesem Moment.

Die anderen sehen in Gesellschaft sehr viel, da werden sie abgelenkt von dem, was sie sehen könnten, wenn sie allein wären. Oder gesehen haben und dann zusammenführen in einem Text. Das ist eine interessante Sache, die ich gerade sage.

MR **Ich werde in diesem Gedicht von dir geführt wie von einem Kameraauge, dass zuerst eine Weite aufmacht mit den Kronen, Blüten, Kastanien, Hängen und Landwellen ...**

EE ... richtig ...

MR **... also zuerst ein großes Bild malt, und sich dann fokussiert auf dieses kleine bucklige Auto, das langsam heranhuckelt ...**

EE ... ja, genau wie im Film, als hätte ich eine Kamera ...

MR **... die mir dann den Eingang zum Gebäude zeigt, die hin und her gleitende Glastür ...**

EE ... übrigens, Glastüren dieser Art, da wohne ich sonst nicht, wo solche Glastüren sind. Deswegen ist das etwas Besonderes ...

MR **... und dann fährt die Kamera in deinen Kopf, wo du gerade darüber nachdenkst, dass die Architektur dieses Camps aus den 1960er-Jahren stammt ...**

EE ... von den 1960er-Jahren *an*, das ist wichtig ...

MR **... und dann fällt dir ein bzw. auf, wie man in England die Gärten**

anlegt, also die Art, wie die Landschaft geformt ist ...

EE ... ja, da habe ich doch immerhin Teile gesehen davon ...

MR **... und plötzlich schiebt sich der Vorhang ganz weit auf – »Der Mond diese Nacht war gelb.« – und da ist die Verbindung wieder zur ganzen Welt, eine Reise, auf die du einen mitnimmst in wenigen Zeilen, vom Großen ins Kleine, von außen nach innen, von den Teilen wieder zum Ganzen, man sieht, wie sich dein Dichterinnensinn bewegt, wie der sich fokussiert, und wieder aufmacht, und am Ende die ganze Welt umfasst ...**

EE ... ja, und das passt eigentlich alles gar nicht zusammen, die Glastür hat nichts mit dem Auto zu tun, und es passt doch zusammen, weil eben alles unterschwellig läuft.

MR **Ich kann richtig spüren, wie sich dein Ich bewegt in diesem Text.**

EE Das sag ich doch. Das ist es – leiblich! Ich habe bei den in *Sonanz* versammelten Texten gefühlt, dass das mehr ist als sonst, was ich da mache. Welche Achtung da herrscht. Und diese Achtung ist nicht so eine Aufpasser-Achtung, sondern eine insgesamt produzierende Achtung. Eine Achtung, die produziert.

MR **Du meinst die innere Verfasstheit, in der du das schreibst?**

EE Ja, und verstehst du, das geht dann alles sehr schnell. Da sind sie wirklich miteinander sehr schnell im Verein, die Wörter. Ich gebe ihnen ja die Freiheit. Und das ist schon toll für einen Zoodirektor, wenn seine Tierchen so gut laufen.
Ach, das sind schöne Gedichte! Ein Aufbruch.

Brombeerranken

MR 2011 haben Urs Engeler und Christian Filips den Band *Deins. 31 Reaktionen auf Elke Erb* herausgegeben.
Darin findet sich auch ein Beitrag von Ann Cotten, sie schreibt über dein Gedicht *Idyll*: »Sätze etwa, sie kratzen, bis man zu den nichtsprachlichen Süßen durchdringt, Blüten, Ex-Blüten, und eben grammatische Verwerfungen.«
Das Gedicht *Idyll* geht so:

Idyll

Ich lag und sann, da kamen Kram-Gedanken.
Natürlich ist es recht, den Kram im Kopf zu haben.
So hältst die Sterne du in ihren Bahnen.
Statt aus der Welt heraus zu existieren
und fremd zu sein wie dir mehr als den Tieren.
Laß deinen Kram wie Himmelskörper strahlen
und denke dir zum Abschluß Brombeerranken.

EE Eventuell ist das ja so mit den nichtsprachlichen Süßen, vielleicht. Aber das muss ich erst noch mal fühlen jetzt – ja klar, das Süße, das ist nicht sprachlich, aber das ist wirklich das Süße, das Schöne, was guttut.
Aber Blüten, Exblüten, und eben grammatische Verwerfungen? Wo sind denn da Blüten, die kann ich nicht erkennen. Es gibt ja Stilblüten, aber das ist hier wohl nicht gemeint.
Und wie Ann auf »grammatische Verwerfungen« kommt?

Bert Papenfuß, Ann Cotten und Elke Erb bei der Feier anlässlich des 60. Geburtstages von Bert Papenfuß, Rumbalotte, Berliner Straße 80–82, Pankow, Berlin, 11.1.2016 (Foto: Ioni Laibarös)

Wo ist denn da Verwerfung?
Aber Ann entdeckt nichtsprachliche Süßen in meinem Text. Das ist schön von ihr.

MR **Ich fand das einen sehr treffenden Satz, weil deine Gedichte einem tatsächlich neue Blicke eröffnen auf die Welt, bzw. einem Phänomene zeigen, für die man vorher vielleicht noch gar keine Worte hatte.**

EE Eventuell ist das ja so mit den »nichtsprachlichen Süßen« ... Und ach, *Idyll*. Über dieses Gedicht hat mal eine Bekannte von mir geschrieben, aber leider völlig unverständlich, sie hat das Gedicht überhaupt nicht verstanden.
»Ich lag und sann, da kamen Kram-Gedanken.« Das ist doch erst mal schön. Und ganz normal – so kommt dieser Scheißkram immer an.
Und dann: » Natürlich ist es recht, den Kram im Kopf zu haben. / So hältst die Sterne du in ihren Bahnen. Statt aus der Welt heraus zu existieren / und fremd zu sein wie dir mehr als den Tieren.«
Damit beginnt für viele, begann für viele die Befremdung. Und zwar mit dem »Statt aus der Welt heraus zu existieren / und fremd zu sein wie dir mehr als den Tieren.« Das heißt, ich bin den Tieren nicht so fremd wie mir. Das haben viele Menschen nicht begriffen.

MR **Du bist den Tieren näher als dir selbst?**

EE Ja, klar. Die Tiere kann ich doch sehen. Ob Katze oder Hund, ob Kamel oder Känguru.
Und schließlich: »Laß deinen Kram wie Himmelskörper strahlen / und denke dir zum Abschluß Brombeerranken.«
Dornengewächse greifen hoch in den Himmel. Das ist doch eine ganz einfache Assoziation. Da wird nicht heldenhaft in den Himmel gegriffen.
Schau dir doch einmal Brombeerranken an. Der letzte Vers von *Idyll*, der schaut auf Brombeerranken! Ich ging da nämlich auf dem Land in Wuischke umher – ich stieß auf Brombeerranken und dachte mir, das ist ja das Gehirn.

MR **Die Brombeerranken sahen für dich aus wie ein Gehirn?**

EE Ja, und so sind sie mir dann geblieben, als die Verbildlichung eines Gehirns.
Und ich glaube auch, dass es gar nicht fremd ist, wenn man dabei an das Gehirn denkt. Schau dir doch einmal Brombeerranken an.

Sind Lieblinge

EE Das Haus in Wuischke miete ich ja immer nur für den Sommer, und im Herbst packe ich den Großteil meiner Sachen dann wieder zusammen für Berlin.

Letzten Winter hat ein Ehepaar das Haus bewohnt. Für die beiden habe ich Zettel mit Nachrichten auf die Betten gelegt – und auf die Zettel, damit diese nicht wegfliegen, Steine.

Jetzt zeige ich dir mal einen dieser Zettel, den ich einfach nicht wegwerfen kann, schau mal, was auf dem steht: »Die Steine / hier behalten / sind Lieblinge«.

Schau dir mal diesen schwarzen Stein an, schau dir die Steine an! Sind sie nicht wunderbar? Die habe ich unterwegs gefunden und musste sie mitnehmen. Man kann doch gar nicht anders. Wenn du überhaupt ein Auge für die Dinge hast, und vielleicht sogar mehr noch für die Dinge als für die Kunst, dann weißt du warum.

MR Das sind wirklich sehr schöne Steine.

EE Ja, manche machen richtig viel Theater – es sind schöne und würdige Steine. Ich hebe die auf, ich vergucke mich in sie. Offenbar liebe ich Steine.

MR Und du sammelst sie.

EE Ich finde welche, dann habe ich sie, und dann kann ich sie nicht mehr wegtun. Das sind Lieblinge von mir, ich weiß nicht warum. Vielleicht weil sie viel älter sind als wir. Der Stein kommt ja von ganz weit her und wird noch ganz lange bleiben. Viel länger als wir. Das beschäftigt mich.

Ich habe auch mal ein Gedicht über Feldsteine gemacht. Es heißt *Granit* und befindet sich in dem 2013 von Urs Engeler herausgegebenen Band *Das Hündlein kam weiter auf drein.*

»Die Steine / hier behalten / sind Lieblinge«, Wuischke, Mai 2017
(Foto: Manfred Rothenberger)

In Wuischke gab es so ein eingezäuntes Areal, da lagen die Feldsteine in einem wilden Haufen übereinander.
Hör mal: »Dieser Vorrat, der wartende / blickt vor sich hin. // Diese Steine, die langen, schweren, sie heißen / Stufen, Schwellen – Granit-Stufen, -Schwellen.«
Und dann: »Nehme ich, vom Rad her, wahr / sie harren, anwesend ebenso wie nicht gegenwärtig, // so daß meine Augen sie sich vergegenwärtigen, / mit einer Andacht, Steine! wie nicht?!«

MR **Das ist ja von einer fast schon religiösen Ergriffenheit.**

EE Ich stimme dir zu, abgesehen davon, dass ich überhaupt nicht religiös bin.
Aber noch wichtiger ist, dass ich mit dieser Erkenntnis nicht allein bin. Dass das nicht so eine vereinzelte Sache ist. Jeder Mensch hat das eingebaut, zumindest als Potential, dieses Sich-Hingeben, diese Hingabe.
Und *Granit* mündet sogar in eine richtige Lebensanwendung: »Leugne die Niederlage, sie ist & ist nicht, / verlasse den Ort // treibe weiter. Nein: weiter / wehe! Wie Geist nur. // Aus Abraum / zündelnd ...«
Guck mal, was das heißt. Das ist jetzt gedacht von dem Menschen aus, der die Ruhe der Steine angenommen hat, die Ruhe des Abraums, und als könnte der daraus zündeln. Als könnte der noch mal aufsteigen. Als könnte aus dem wieder etwas Neues entstehen.
Meine ganze Liebe zu den Steinen ist so etwas Zündelndes.
Und das Wort »zündeln« ist gar nicht schlecht, das ist nicht die Verkleinerung von »zünden« oder »anzünden«. Nein, es ist etwas ganz anderes.

MR **Hoffnung?**

EE Ja, aber der Hinweis-Charakter spielt hier gar keine Rolle. Du kannst mit diesen Bedeutungen spielen, verstehst du. Das ist kein Kontext, der betonhart in sich zusammenhängt – ein Gedicht ist schließlich nicht Westfalen mit seinen Vortäuschungen.

MR **Du spielst mit Wortbedeutungen.**

EE Ich gebe dem Gedicht, was seins ist. Es kommt natürlich aus mir, aber es geht nicht um mich. So ist das. Es wird kein

Ehrgeiz geweckt. Es geht nicht im Geringsten darum, sich durchzusetzen oder etwas zu gelten. Es geht um alles, nur um das nicht.

MR **Die Wirkung auf andere ist dir egal?**

EE Natürlich bin ich auch ein bisschen wie eine Stute, die stur ihren Weg läuft.

MR **Eine sture Stute?**

EE Ja, weißt du, Pferde haben so eine besondere Art, nicht nach rechts oder nach links zu gucken, wenn sie losrennen.
Jetzt sage ich dir, ich sehe diese Pferde genau vor mir, wie die rennen. Und dass die nicht nach rechts und nach links gucken. Ja, wie komme ich denn dazu? Wann sehe ich denn schon mal Pferde rennen? Das ist doch merkwürdig. Wie man irgendwo tief in einem drinnen sich solche entscheidenden Bewegungen merkt. Das ist doch seltsam.
Aber auch wenn ich das als seltsam empfinde, habe ich doch einen Grund, anzunehmen, dass diese Empfindung älter ist als ich und auch in allen anderen Menschen steckt.

MR **Und du holst sie hervor.**

EE Und ich hole sie hervor, ja, ich lasse sie hervorkommen. Das ist etwas ganz Wesentliches. Wo ich mich auch wirklich zusammennehmen muss. Aber ohne einen Gesprächspartner würde ich darüber wahrscheinlich gar nicht nachdenken.

MR **Du holst etwas hervor, was in den Dingen steckt – auch in den Steinen. Und es kommt aus dir, aber du machst es nicht. Du möchtest es geschehen lassen.**

EE Genau, ich will die Dinge nur antreffen. Ich sage nicht, das muss mir jetzt allmählich mal in die Hand wachsen. Das sind im Gedicht ganz untergründige Gänge, aber man kann sie durchaus beobachten. Wie in diesem Gedicht:

> Das Aus hat (wie
> der Laut sagt)
> keinen Garten.
>
> April 2015

EE Was sagst du dazu? Wenn ich dieses Gedicht vorlese, sage ich immer, ich habe mich selbst übertroffen. Und zwar im Wortsinn. Denn ich weiß gar nicht, wie ich da hingekommen bin. Viele Menschen denken ja, ein Gedicht entsteht nach einem Plan. Dabei geht es doch ganz anders. Man kriegt es gar nicht so richtig mit, wie es geht. Aber es geht. *(lacht)*
Klar ist, dass dieses Gedicht ganz stark von den Lauten geführt wird. Und dass es gleich wieder unterbrochen wird, trotz seiner Kürze, das macht wahrscheinlich seine Witzpotenz aus. Oft lachen die Leute, wenn ich das vorlese. Aber ein ziemlicher Teil von ihnen sagt auch, das verstehe ich nicht.

MR **Dabei sagen deine Texte nur, wie es ist.**

EE Ja, ich urteile nicht, ich nehme die Dinge wie sie sind.

MR **»Warum sollte die Fähigkeit, zu staunen, abnehmen?« hat Ann Cotten in einem Text über dich geschrieben. Und: »Elke Erb elektrifiziert durch endlose Wachheit.«**

EE Ohne innere Elektrik, ohne ein Staunen und eine Neugierde kommt man ja gar nicht weiter in der Welt.

MR **Wie sehr bist du denn in der Welt verwurzelt?**

EE Das Absurde ist ja, dass ich schon in einer sehr starken Verbindung mit der Welt stecke, mit den Menschen, und auch mit den Steinen, obwohl ich vordergründig gar nicht so eng bin mit der Gesellschaft.
Ich bin sogar meistens recht weit draußen und mache auch nicht in ihren Vereinen mit, es könnte ja sein, dass ich solche Verbindungen als leer auffasse – als etwas Entleertes und Mechanisches. Wo der Mensch am Ende verklumpt, weil er diese Zusammenklumpungen gar nicht mehr verlässt.
Das merke ich auch in meinen Tagebüchern. Da kommt immer sehr gut heraus, dass ich alleine bin. Das ist jetzt wirklich nicht schonungslos gemeint. Das ist einfach Fakt.
Ich brauche das Zusammenklumpen nicht. Andererseits: Ich gebe dies, du gibst das. Und Geben ist seliger denn Nehmen. Das würde ich doch wirklich unterschreiben. Diese Weisheit.

MR **Und das bedrückt dich nicht?**

EE Nö, ich bin ja der Geber.

Elke Erb und Manfred Rothenberger bei der Feier anlässlich des 60. Geburtstages von Bert Papenfuß, Rumbalotte, Pankow, Berlin, 11.1.2016 (Foto: Ioni Laibarös)

Sich selber im Verhalten korrigieren

EE Wenn ich über diese Dinge spreche, etwa den Granit, da ist etwas in mir angelegt, als ob ich ein Kindlein austrage. So ein kleines Kindlein in den Händen habe, etwas Kleines, dem ich alles Gute gönne. Taucht plötzlich bei mir auf. Manchmal da oben in den Schultern.

MR In den Schultern?

EE Ja, da oben, das ist der gute Wille, der gute Wunsch, den ich gegenüber allem habe, was bei mir auftaucht oder überhaupt existiert.

Manchmal stelle ich die Sachen extra so hin, damit es einen ästhetischen Anblick gibt, verstehst du. Das ist wohltuend, wenn man das macht, das sollte man oft machen. So wie die Steine hier auf der Kommode. Vorher stand hier alles Mögliche rum, und dann habe ich alles hin und her gerückt, und zwar so lange, bis es befriedigend war.

Manchmal mache ich das auch, um auf eine tückische Art die Umgebung zu stören und eine gewisse Dramatik reinzubringen. Schau mal, wie dieses Tuch da hinter der Blume liegt, wie so ein komisches dunkelblaues Tier liegt es hinter der Vase ...

MR Das hast du so drapiert?

EE Es geht um ein Abwägen der Schönheit, und wie man sie herauslockt aus der Konstellation der Dinge. Nicht so, wie wenn der Tisch gedeckt wird: Hier liegt das Messer – und hier liegt die Gabel. Es gibt Ordnungen, die dir die Harmonie wegnehmen, weil sie vorgegeben sind.

Auf der anderen Seite: Eine Ordnung zu erfüllen, ist auch eine Befriedigung. Ein Geländer in der Welt, das man hat, und woran man sich festhalten kann.

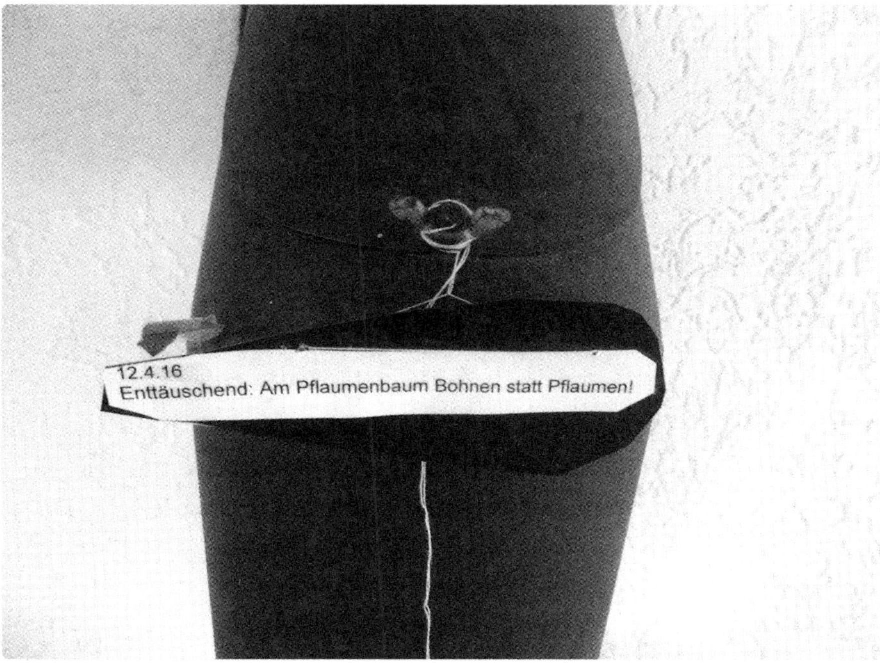

»12.4.16 / Enttäuschend: Am Pflaumenbaum Bohnen statt Pflaumen!«,
Wuischke, Mai 2017 (Foto: Manfred Rothenberger)

Man könnte jetzt natürlich damit beginnen, das Besteck ganz anders hinzulegen. So wie ein Durchatmen, eine Korrektur. Das können wir heute Abend mal versuchen. Vielleicht gibt es da noch bessere Möglichkeiten. Aber da denkt man normalerweise gar nicht drüber nach.

Ich habe verschiedene Dinge bei mir korrigiert. Also Dinge, die ich jahrelang gemacht habe. Ich schmeiße zum Beispiel keine Kleider mehr weg, wenn was defekt ist, sondern nähe farbige Flicken auf die kaputten Stellen. Ich darf das. *(lacht)* Und die Röcke werden auch immer schöner, je mehr Flicken sie bekommen.

MR **Verhaltenskorrekturen, die zu neuer Schönheit führen.**

EE Ja, sich selber im Verhalten korrigieren. Auf einmal fällt mir ein, nach Jahren, das brauchst du doch bloß so und so zu machen – das ist eine Wonne!

MR **Und dann machst du es ganz anders.**

EE Genau, und du fühlst dich auch gar nicht beleidigt, weil du jahrelang so dumm warst, sondern freust dich, dass es jetzt klar wird, und wunderst dich vielleicht ein bisschen – das sind die vielfachen Bewegungen in einem.

Stocknagelwesen

MR **Du hast zu mir gesagt, du staunst selbst manchmal über das, was dir früher gelungen ist, in früheren Büchern. Und angefügt: Das können wir Menschen – noch im dürrsten Winter eine Blüte hervorbringen.**

EE Ja, das können wir. Ist das nicht erstaunlich?
Wenn ich gut bin, bin ich tatsächlich *alle* Menschen – die Materie Mensch. Ich bin das dann. Da gibt es kein personelles Ausweichen oder irgendein Stocknagelwesen.

MR **Stocknagelwesen? Was auch immer das ist.**

EE Du weißt nicht, was ein Stocknagel ist?

MR **Nein, nie gehört.**

EE Ein Stocknagel ist so was wie ein Wappen für den Wanderstock. Mit kleinen Nägeln hat man die Wappen an den Wanderstock genagelt. Daher Stocknagel. Und die Wappen haben dann davon erzählt, auf welchen Bergen man schon überall rumgekraxelt ist.

MR **So kommst du also auf Stocknagelwesen.**

EE Ja, na guck mal. Ich danke dir, du hast mich heute wirklich entspannt, dann fallen mir solche Sachen ein.

Das Bewusstsein bestimmt das Sein

MR **Aus eigenem Interesse und für eine Veranstaltung mit Christian Filips im Jahr 2015 im Literarischen Colloquium Berlin mit dem Titel *Ideologie-Kost / Elke Erb liest Trotzki und Lenin* hast du dich eine Zeitlang intensiv mit Lenin und Trotzki beschäftigt. Warum?**

EE Weil ich vor einiger Zeit ein Buch aufgeschlagen habe, in dem von Weltrevolution die Rede war. Da sah ich einen Dshigit, so einen kühnen jungen kirgisischen Reiter, der galoppierte in einer Art Raserei über ganz Europa hinweg. Und ich dachte, hey, das ist ja interessant.

Mit Trotzki hatte ich mich zuvor noch nie beschäftigt, aber als ich damit begonnen habe, schnell gemerkt, dass das ein ganz anderer Typ war als Lenin, nicht so doktrinär. Das hat mich gereizt und neugierig gemacht.

Ich habe zwei Sachen von Lenin abgeschrieben, aus dem dicken Buch über den Parteiaufbau. Und mir wurde richtig übel, weißt du. Es war so widerlich.

MR **Inwiefern?**

EE Der spielt sich so auf, der Lenin, weißt du.

Da gibt es einen Text über die Arbeiteropposition, das war damals nicht die Opposition an sich, sondern eine Gewerkschaftsform. Und in dem Text macht Lenin die Kollontai völlig fertig.

MR **Wen?**

EE Alexandra Michailowna Kollontai, eine russische Revolutionärin, Diplomatin und Schriftstellerin, überzeugte Sozialistin und Feministin. Die hat freie Liebe und Sexualität propagiert, sich für die Verbesserung des Mutterschutzes eingesetzt und vieles andere mehr. Lenin lässt die nicht leben, nicht atmen und argumentieren, sondern unterbricht sie dauernd. Beim Trotzki laufen die Zeilen dynamisch ineinander, beim Lenin siehst du was ganz anderes – so ein hackendes Denken. Es ist eben ein Irrsinnsunterschied zwischen dynamischen Reden und Präsidialreden. Diese Unterscheidung habe ich bereits in *Winkelzüge oder Nicht vermutete, aufschlussreiche Verhältnisse* gemacht.

Sätze sind keine Kaiserkrönungen.

MR **Über den Stil von Leo Trotzki sagst du: »Da ist eine gewisse, objektive Freigabe der eigenen inneren Prozesse, die vulgäre Idiotie nennt es Stolz. Die zugleich unwillkürliche und zielstrebige Aufmerksamkeit seiner Wahrnehmung, ihre stetige Produktivität hellt auf, befreit, aktiviert.«**

EE Trotzki war ein sehr dynamischer Denker, er macht wunderbare Sachen im Text und war mir sofort zugänglich. Wenn ich ihn lese, habe ich das Gefühl, ich beobachte ihn beim Verfassen einer Poetologie.

Ein gutes Gedicht ist ja ein Hergang, der etwas entwickelt aus sich selbst heraus. Bei Trotzki ist es genauso, während der apodiktische Lenin ... dupp ... dupp ... dupp ... einen statischen Präsidialsatz an den anderen reiht.

MR **Nanntest du Lenin deshalb einen »feinsinnigen Rammbock«?**

EE Ja, »feinsinnig« heißt, dass ich meine Sicht auf ihn zu seinen Gunsten verändert habe. Gleichzeitig bleibt er ein »Rammbock« – ich meine ja nicht, dass er eine zarte Seele war.

MR **Wie fühlen sich die Texte von Trotzki für dich an?**

EE Mäandernd, geschrieben in einer fließenden Sprache, nicht in einer starren. Ich fahre ja seit Jahren Angriffe gegen eine starre Sprache, gegen die sogenannte »Begriffssprache«.

Ich erinnere mich übrigens, was Begriffe anbelangt, da gab es Ende der 1980er-Jahre mal spät nachts ein Telefongespräch zwischen mir und Christa Wolf, und dabei kam heraus, dass wir beide keine Begriffe mehr ertragen. Nicht mehr, Schluss, aus!

MR **Welche »Begriffe« meinst du?**

EE Politische Parolen, die Losungen der Epigonen, abgenudelte Wörter, denen man sowieso nicht mehr traut. Das ist ja das reine Leiden. Zum Beispiel das Wort »Umwälzung«: Das ist ein fürchterliches Wort. Eine Lehnübersetzung aus dem Russischen. Vielleicht vom lateinischen »revolutio« abgeleitet. Aber wo ist da eine Walze? Was wird gewälzt? Solch tote Metaphern gehen mir auf den Nerv.

Eine in der DDR aus dem marxistischen Vokabular entnommene Weisheit war: »Das Sein bestimmt das Bewusstsein.« Ich bestreite sie nicht, aber ihre Umkehrung ist ebenfalls wahr: »Das Bewusstsein bestimmt das Sein.« Ohne sie will ich von dem anderen Satz nichts mehr hören.

Das eigentliche Problem sind aber gar nicht die Wörter selbst, sondern ihr Anspruch, die Welt zu ordnen. Dass sie sich das Recht nehmen, die Welt zu ordnen. Diesen Anspruch haben sie dauernd.

In dem Gedicht *Auskunft nachts* aus *Trost* (1982) heißt es:

> Zwischen den Worten Mut und Übermut, die mich
>   abwiesen
> hin und her irrte ich oft vor einem Jahr,
> wenn ich den Trieb zum Leben, den Lebenswillen taufen
>   wollte.
> Wir haben eben innerhalb des Geheges nur Gehegebegriffe.

Und danach kommt:

> Beieinander sind Verlegenheit, auch Kleinmut,
> an den Rand gedrängt, weil der Mut selbst sich erübrigt,
> von unbefragtem Tun, unmittelbar gleich mit dem
>   Alltäglichen,
> in ihm auch Unbefangenheit, Ruhe;
> an den anderen Rand gedrängt: das Grauen.
> Unterlegene Angst und Flucht
> vor den Phantomen der Selbstvernichtung.

Elke Erb bei der Performance *Haushaltsfragen – Elke Erb, Christian Filips und Ingo Günther bauen eine Küche und beantworten – kochend, dichtend und musizierend – dringende Haushaltsfragen*, Hoffest des Hauses für Poesie in der Kulturbrauerei, Prenzlauer Berg, Berlin, 17.9.2016 (Fotos: Susanne Schleyer / autorenarchiv.de)

Verlegen sehe ich mich ihnen entkommen.
Ich wage nicht, an neue Anfälle zu denken.
Ich freue mich, es gelingt mir stundenlang Heiterkeit.

Das ist mein Zustand. Das Bewußtsein des allgemeinen
Zustandes
hat ihn schneidend und höhnisch hervorgereizt.
Es gibt den Witz von den zwei fortgelaufenen Irren,
die wieder umkehren, weil sie
die perspektivische Verjüngung der Straße
für deren Abschluß halten.
Aber ich bin nicht irre und kann nicht umkehren.
Stierkampfarena, und als sollte ich nur
kuschen vor ihrem Phantom.

23.12.1980

Die Begrenzung des Geheges müssen wir öffnen. Den Zustand in Bewegung bringen.

MR **Die utopischen Gesellschaftsentwürfe, an denen Lenin und Trotzki gearbeitet haben, sind im Dunkel der Geschichte verschwunden und von der Brutalität ihrer realen Umsetzung konterkariert. Nach der Lektüre ihrer Texte hast du deinen früheren Widerstand gegen Lenin und Trotzki sogar gegen eine gewisse Faszination eingetauscht: »Ich bin zwar in der DDR den hohlgewordenen Losungen der Epigonen ausgesetzt gewesen, aber diese Belästigung ist vorbei. Es gibt ja auch noch die Gegenwart, bitte.«**

EE So ist es. Natürlich war die Niederschlagung des Kronstadter Matrosenaufstandes furchtbar und brutal, aber wenn ich heute höre, Trotzki sei doch so grausam gewesen, das ist so was von dumm! Wir können das heute doch gar nicht mehr verstehen, weil wir, wenn wir auf die Straße gehen, eben nicht mit dem Todespfeil rechnen müssen, weil dort gerade gekämpft wird. Diese muffige Friedenssache, in der wir leben, bewahrt uns doch davor. Dann darf man aber nicht so blind sein und je-

mand Grausamkeit vorwerfen, der Russland davor gerettet hat, eine Kolonie zu werden.
Und wenn es auf der revolutionären Seite Grausamkeit war, welche Mörderei war dann der von den Großmächten angeheizte Erste Weltkrieg? Da stimmen doch keinerlei Verhältnisse.
Es gibt natürlich auch bei Trotzki Phrasendrescherei und Kitsch. Und wenn ich so was gelesen habe, dachte ich immer – an ihn gerichtet –: Mach das gleich wieder gut. Manchmal tat er das dann auch. Etwa bei seinen Ausführungen zum Plan der Oktoberrevolution. Oder 1915, bei der Zimmerwalder Konferenz, als der Prozess an sein Ende kam. Wie die da reden – da fängst du selber an, zu weinen. Es ist so. Du fängst einfach an, zu weinen. Weil da so eine starke Bewegung, so ein Aufbruchswille, so eine grenzenlose Hoffnung spürbar wird ...
Ich selbst glaube ja an keine Utopie, aber diese Verwirtschaftung eines Teils der Menschheit als Arbeiterklasse, oder als Bauern, die irgendwas zu liefern haben, und wie wir alle miteinander umgehen, das ist natürlich nicht das, was der Mensch sein könnte und sein möchte.
Der Mensch ist gar nicht Mensch. Und wenn dann plötzlich so eine Hoffnung aufglimmt, für einen Moment alles möglich erscheint, und auf einmal der ganze Saal die Internationale singt ...

MR **... dann rührt dich das zu Tränen, weil eine Wende zum Besseren zum Greifen nah scheint ...**

EE Ja, und ich denke, dann ist das kein Kitsch.
Man muss den beiden – Lenin und Trotzki – zugutehalten, dass sie immer an die Möglichkeit einer Wende zum Besseren geglaubt haben. Dass der auf bestimmte Funktionen reduzierte Mensch wieder zum Menschen wird.
Das ist das, was einen nachher so umwirft und rührt.

Intelligibles Eiweiß

MR **Ist die Literatur nicht wie ein großer Strom, zu dem du etwas dazugibst?**

EE »Etwas« ist nicht richtig. Ich gebe Elke Erb dazu. Und zwar das, was aus ihr werden konnte – und das, was noch aus ihr wird.

MR **Wo treibt es dich hin in diesem Strom?**

EE Das weiß ich nicht, aber mit aller Kraft gehe ich da ran und werde von der eigenen Wirkung öfter überwältigt, das ist so. Es krempelt mich um. Obwohl ich das völlig ahnungslos mache. Ich gehe einfach weiter und beachte nicht, was ich einsetze an Wert.
Also lebendes Eiweiß, wie ich schon mal sagte: intelligibles Eiweiß.

MR **Wie soll man sich deinen Texten nähern?**

EE Da gibt es doch kein Rezept. Vielleicht wie einer sich ständig verschiebenden Wolkenformation.

Das ist schon auch ein sehr guter Text

MR 2015 ist, herausgegeben von Urs Engeler und Christian Filips, *Sonnenklar* erschienen. Unter anderem mit diesem Gedicht:

> *Poesie pur*
>
> Ein Esel und ein Hahn,
> die Freundschaft geschlossen hatten,
> gingen einst miteinander spazieren in einem Park.

Wie kommst du da auf »Poesie pur«?

EE Ach so, hmmm. Weil die ja gar nicht zusammenpassen, der Esel und der Hahn. Dadurch ist das dann Poesie. Ich hatte noch eine andere Version dieses Gedichts, aber ich war nicht ganz zufrieden damit. Mit dieser Version bin ich jetzt sehr zufrieden. Und wenn das nicht Poesie ist, was soll das denn sonst sein: »Ein Esel und ein Hahn, / die Freundschaft geschlossen hatten, / gingen einst miteinander spazieren in einem Park.« Was braucht man mehr? Übrigens gibt es in *Sonnenklar* noch einen Vers, der ähnlich ... da ... warte mal ... Poesie bringt. Der ist ganz kurz. Hör mal *(sie trägt das Gedicht vor):*

> *Im Wald*
>
> ein Reh geht, es nickt
> im Takt mit den Schritten

Das ist auch wunderbar. Hörst du den Ton, das hat doch etwas Tröstliches.
Und dann das hier:

> *Das nächste Mal*
>
> eine Einladung:
> Ob du nicht mein Galgen
> sein möchtest, Luft.

MR **Das klingt erstmal ziemlich brutal …**

EE … das ist einfach Dasein, Dasein, Dasein. Und auf einmal kann ich so was sagen. Ich öffne den Mund und sage: »Das nächste Mal / eine Einladung: Ob du nicht mein Galgen / sein möchtest, Luft.«
Als würde man auf einer Bergspitze stehen. Das hat auch etwas Selbstmörderisches. Die Luft als Galgen zu sehen, ist schon ein bisschen surreal. Es ist wie selbst Luft zu sein, wie weggehaucht zu werden.
Wenn es ein zynisches Gedicht gibt, dann ist *Das nächste* Mal ein zynisches Gedicht.
Aber ich kann auch anders. Ich kann auch in den Widerstand gehen. Schau dir mal das Gedicht auf Seite 20 an:

> *Ich glaube das, was man mir sagt.*
>
> Und nichts, worin eine Warnung ist.
>
> Ich glaube das Gute und das Belanglose,
> denn es ist ungefährlich.
> Das Gefährliche und Böse glaube ich nicht.
> Wegweisern glaube ich nicht.

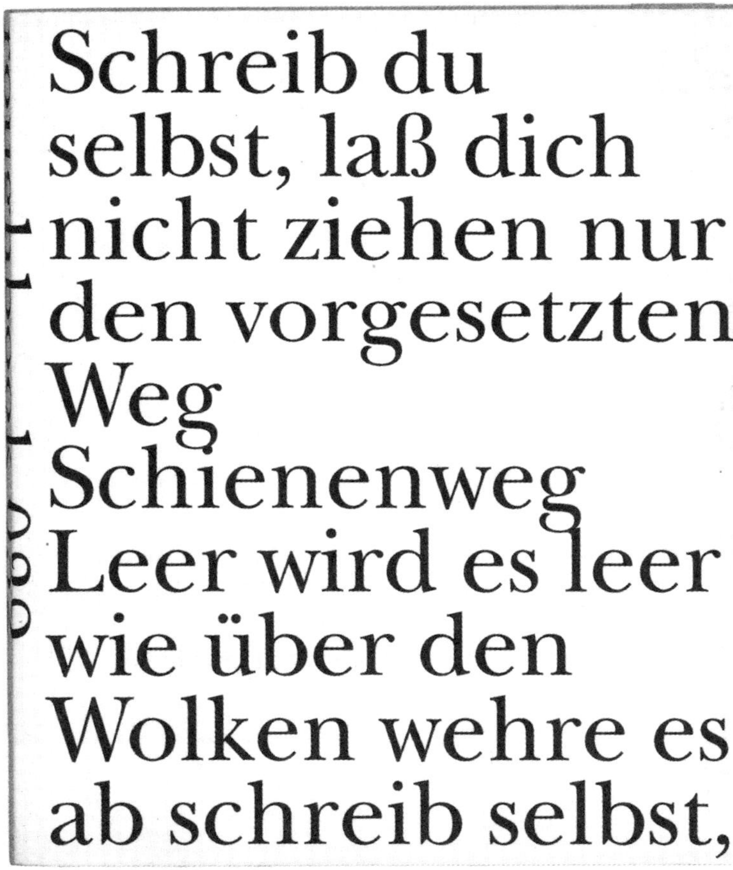

Elke Erb: *Sonnenklar – Gedichte*
(roughbooks, Berlin / Wuischke / Solothurn), 2015

Ich glaube einem Berg nicht, dass er ein Weg ist.
Und Schwierigkeiten nicht.

Personen, die warnen wollen, glaube ich nicht.
Ich glaube ihrem Himmel und ihrer Hölle nicht.

Von allem, was stimmt, glaube ich, daß es stimmt.

Allem, was stimmt, glaube ich aufs Wort.

Ich bin gehorsam und taub.
Ich höre taub.

Verstehst du: »Ich höre taub.« Das heißt: Meine Art, zu hören, ist taub. Ihr könnt mir erzählen, was ihr wollt ...
Und bei »Ich bin gehorsam und taub« liegt verdammt noch mal eine mathematische Gleichung drin. Und auch etwas ziemlich Unverschämtes. Ein harter Widerstand.
Dieses Gedicht ist von 1982. Was war denn da mit mir los? Wie kann man zynisch sein und gleichzeitig derartig hochgradig Zynismus vermeiden?
Das ist, wie wenn du etwas Rotes magst und du hast Rot vermieden.
Ja, das ist schon auch ein sehr guter Text, das ist wirklich ein sehr guter Text.

Kein Funke

MR **Die deutsche Wiedervereinigung am 3. Oktober 1990 und damit das Ende der DDR, was hat das in dir ausgelöst?**

EE Das hat natürlich etwas in mir ausgelöst. Ich meine, wenn so ein Staat sich auflöst oder aufgelöst wird, da artikulieren sich die Dinge ganz anders.

MR **Wie meinst du das?**

EE Ich würde nicht sagen, dass es mein Denken verändert hat. Es hat eher die Eroberungen vermehrt. Staatsdinge haben mich nie so wirklich interessiert.

Lieber schreibe ich. Mit einem Gedicht bist du immer an einem ersten Punkt. Und wenn du ein Gedicht fertig hast, stehst du wieder an einem ersten Punkt.

Vor einiger Zeit sollte ich mal was schreiben für den *Freitag* zum Thema »Wie entsteht ein Gedicht«, das wurde dann gedruckt, und der Grünbein war wieder vollkommen scheiße. Das ist wirklich wahr.

MR **Meinst du Durs Grünbein?**

EE Ja. Sein Text stand neben meinem, sonst hätte ich ihn ja gar nicht gelesen.

Früher fand ich Grünbein besser, seine ersten Gedichtbände, aber dann hat er das Reimen angefangen, wurde klassizistisch und hat sich dem guten Bürgertum zugewandt. Damit meine ich die Bürger, die sich selbst »gut« heißen.

Es begann so, dass er irgendwann zu mir sagte, du musst auch 100 Euro verlangen, oder Mark, damals noch. Für eine Lesung. Halt so ein typischer Einsatz, der den anderen passt.

Und der ist nicht unterzukriegen, der Durs, der taucht überall auf.

MR **Hast du ihn gut gekannt?**

EE Wir waren eigentlich befreundet. Er kam ursprünglich aus Dresden, aber wir haben uns auseinandergelebt, und dann ist er verschwunden in diesen Düsseldorfer Gefilden, wo er Karriere gemacht hat. Es ist wirklich so. Selbst Edlere kommen ohne den nicht aus.

Weißt du, er kann unter Umständen noch einmal etwas Kluges hervorbringen. Aber eher in Prosa. Wenn er aufhört mit der blöden Reimerei, dann hat er vielleicht noch eine Chance.

MR **Jetzt habt ihr keinen Kontakt mehr?**

EE Nein. Aber ich weiß noch, das ist schon einige Zeit her, da kam er einmal bei einer Lesereihe an, als ich gerade dran war, und ich bemerkte, dass sein Gesicht sich freute. Sein Gesicht löste sich.

Als ich dann diesen Zug hatte, im Lesen, da habe ich den rausgeholt aus seiner bürgerlichen Kacke. Das war so, ganz eindeutig. Auf einmal fing es an, zu leuchten, sein Gesicht. Er konnte da noch die Nahrung zu sich nehmen. Ich weiß nicht, wie das jetzt ist, jetzt kenne ich ihn nicht mehr.

MR **Er meldet sich auch nicht mehr bei dir?**

EE Nein. Ich würde auch nicht rangehen. Ich habe so gewisse Abwesenheiten – ich meine Abneigungen. Abneigungen, die zu Abwesenheiten werden, weil du dich von den Menschen fernhältst.

Du, das finde ich jetzt wirklich spannend, denn Durs Grünbein gilt ja als ein großer deutscher Dichter, und ich habe nie verstanden, warum ...

Als ob er einem klarmachen wollte, was das Bürgertum überhaupt ist. Aber das Bürgertum ist ja vom Marxistischen her sowieso scheiße. Das Bürgertum, das kann nix, das ist blöd, das hat falsche Gesichtspunkte und meint, es könne das, worum es geht, beim Nachmittagstee erledigen.

MR **Der Literaturbetrieb macht sich halt die Dichterkönige, die er braucht. Aber die Zeit wird das regeln.**

EE Das läuft ja immer so, auch in der Bildenden Kunst.

MR **Ja, da ist das ganz genauso.**

Elke Erb, Schwedenstraße, Berlin, 2016
(Foto: Manfred Rothenberger)

EE Übrigens kann ich den Gerhard Richter nicht leiden.

MR **Den Künstler Gerhard Richter? Warum?**

EE Da ist noch ein anderer, den kann ich leiden – den Sigmar Polke.

MR **Der ist frecher.**

EE Nicht frecher. Der Richter, der ist so ein Einrichtungswesen für Bilder, das kann ich nicht leiden. Da läuft irgendwas schief.

MR **Gibt es denn gar nichts, was dir von Gerhard Richter gefällt?**

EE Ja, das hängt alles zusammen ... ich bin einmal auf die Unehrlichkeit gekommen bei ihm, und dann kann ich nicht weiter. Dann kann ich einfach nicht weiter.

Ich habe ein Vorurteil gegen Unehrlichkeit. Es ist eh schon immer alles so schwierig, da muss man es mit Unehrlichkeit nicht noch schwieriger machen.

MR **Weißt du noch, worin Richters Unehrlichkeit bestand?**

EE Sein Bild war nichts. Aber dieser Polke, der hatte einen Strich, und der stimmte.

Das muss irgendwie zusammenhängen, das ist nicht nur ein Gefühl.

MR **Es sprang kein Funke über zu dir?**

EE Nein, kein Funke.

Na gut, ich bin auch keine sehr begabte Seherin von Bildern.

Tumult

MR **Was bedeutet dir Musik?**

EE Ich mache sie nicht, ich höre sie nicht, ich bin unmusikalisch. Mir fehlte dafür immer ein Mentor, der mir gesagt hätte, pass mal auf, nimm jetzt dies, dann das, und dann hör dir diesen Dirigenten an. Ich dachte immer, wenn ich die Dirigenten nicht unterscheiden kann, dann hat das doch gar keinen Sinn. Aber ich glaube, ich wäre führbar, wenn man mir das genauer zeigen würde.

MR **Hast du gar keine Erfahrungen gemacht mit Musik?**

EE Doch, einmal war ich bei Karl Mickel, er spielte etwas von Beethoven und ich sehe es genau vor mir: Beethoven geht mit kräftigen Schritten durch einen Park, durch so einen schmalen Garten, auf etwas zu. Und ich habe plötzlich alles ganz genau verstanden.

Auch mit Brahms hatte ich so eine Erfahrung. »Denn es gehet dem Menschen wie dem Vieh.« Das war irre, ich konnte das in ganz andere Verhältnisse übersetzen. Ich habe während des Musikhörens immer alles in andere Dinge übersetzt. Das ging ziemlich weit.

MR **Wie meinst du das?**

EE Bei Haydn habe ich mal gespürt, dass das, was ich beim Hören spüre, nicht mehr in Sätze zu fassen ist. Also habe ich mich zur Musik bewegt. Infolgedessen hat sich eine Rippe über die andere geschoben.

MR **Du hast dich zu heftig bewegt?**

EE Nein, ich habe mich nicht zu heftig bewegt. Ich habe mich einfach nur bewegt. Und in dieser völligen Friedfertigkeit rutscht plötzlich die eine Rippe über die andere.

MR **Du bist nicht gestürzt?**

EE Nein, ich bin nicht gestürzt und habe nicht getobt. Aber ich hatte dann ein halbes Jahr lang Schwierigkeiten. Der Physiotherapeut hat nur gesagt, das dauert eben. Das wird sich von selbst wieder einrenken.

MR **Das heißt, du hörst jetzt aus Selbstschutz lieber keine Musik mehr.**

EE Ich würde schon gerne, aber ich glaube, ich habe selbst zu viel Tumult in mir. Wenn ich Musik höre, bin ich in fünf Minuten erschöpft. Also die verbraucht mich viel zu sehr. Und es ist auch wirklich nicht so einfach, Musik in sich aufzunehmen.

Elke Erb auf dem Bett ihrer Wohnung in der Schwedenstraße, Berlin, 2018
(Foto: Dagmar Morath)

Dass man sich immer mehr befreit

MR **Wann ist ein Gedicht für dich fertig?**

EE Wenn du den Punkt erreicht hast, dass ein Gedicht fertig ist, dann verlässt du es.

MR **Was nimmst du von ihm mit?**

EE Den Genuss des Gedichts kannst du erst viel später kriegen. Manchmal ist es aber auch so gewesen, dass ich einen Zusammenbruch hatte und anfing, zu weinen, wenn ich ein Gedicht wieder gelesen habe. Besonders bei den *Sonanz*-Gedichten, die ja sehr unterschwellig sind. Plötzlich überschüttet mich das, mein eigenes natürliches Ich. Ich erschrecke mich richtig.

MR **Du erschrickst?**

EE Ja, weil etwas passiert in den Texten, was ich bewusst gar nicht produzieren kann. Ich staune, weil ich ganz unversehens so etwas sage. Und das auch noch alle Eleganz von Formen hat, die überhaupt möglich sind.

Ich habe erkannt: Je weiter ich mich in die Sprache hineinbegebe, desto freier kann ich mit ihr arbeiten. Diese Form von Durchdringung ist ein richtiger Befreiungsprozess.

Und das ist wiederum das Schöne am Alter ... nicht, dass was zu Ende geht, sondern dass man sich immer mehr befreit.

Ziemlich viel Gesellschaft

MR **Seit langem verbringst du die Sommer in Wuischke, was bedeutet dir diese Zeit?**

EE Zum Beispiel liebe ich da die Bäume. Schon weil sie größer sind als die Menschen. Aber was machen die denn, die Bäume? Guck mal, die breiten ihre Arme aus, da haben sie ihr Laub dran. Guck mal da rauf zu den Bäumen. Gottseidank habe ich in Berlin auch Bäume im Hinterhof.

Du müsstest in Wuischke im Sommer mal um die Ecke kommen. Es ist so schön dort mit den Bäumen. Das kann ich gar nicht begründen.

Oder im Herbst, die Blätter im Kastanienbaum – als ob du in reines Gold guckst!

Andererseits bin ich gar nicht so ein Naturmensch, der das alles anbetet. Ich mach aus meiner Beziehung zur Natur kein inneres Propagandawesen.

MR **Wenn du beinahe die Hälfte des Jahres in Wuischke verbringst, musst du ja immer einen ganzen Hausstand umziehen.**

EE Na ja, zehn Koffer habe ich schon immer mit dabei. Allein drei sind voll mit Büchern. Dann muss ich Manuskripte mitnehmen, Pillen, Wäsche – und dann habe ich auch immer Geschenke für die Leute in Wuischke dabei, für meine Vermieter.

MR **Kannst du in Wuischke besonders gut arbeiten?**

EE Ich arbeite sowieso immer. Und wenn du angestrengt arbeitest, hast du infolgedessen eine höchst aufmerksame Intuition. Und auf einmal fühlst du dich sogar mit den Pflanzen verwandt, mit den einzelnen Gräsern. Sonst ist das ja nur Wiese. Und dann musst du das sofort aufschreiben, weil du es sonst verlierst und nicht mehr zur Verfügung hast.

Die Aufgabe des Aufschreibens ist es, das Gedächtnis zu erhalten, damit es nicht im Nirwana verschwindet, denn auf das Nirwana kannst du wirklich nicht setzen.

An einem Johannisbeerstrauch habe ich einmal etwas begriffen, was bis in die Antike zurückreichte. Ein Baum oder ein Strauch kommt ja von ganz weit her. Der trägt die Zeit in sich. Das reicht eigentlich schon für ein Leben, nur darüber nachzudenken.

MR In Wuischke hast du ein kleines Häuschen gemietet.

EE Ja, und mein Arbeitszimmer dort war früher ein Kinderzimmer, die Deckenlampe mit den bunten Kugeln ist eigentlich eine Kinderzimmerlampe – ich lass das jetzt mal so, weil es so schön sinnlos ist.

MR Wäre es schlimm, wenn du das ganze Jahr in Berlin verbringen müsstest?

EE Das weiß ich nicht, ich kenne das Ausmaß meiner Anpassungsfähigkeit nicht.

Aber ich habe gemerkt, als ich in Wuischke anfing, Teeblätter zu sammeln, dass ich Wuischke mitnehmen wollte nach Berlin. Da waren sogar Johannisbeerblätter dabei, und Brombeerblätter. Also ein großumfänglicher Tee. Bis heute trockne ich bestimmte Brennnesseln und so was.

Nachher habe ich mir gedacht, ich nehme jetzt von dem Land, was ja nicht meine Heimat ist, etwas mit ... nicht in Stellvertretung ... Stellvertretung ... was für ein widerliches Wort ... ich nehme etwas mit von Wuischke, von diesem Land.

MR Hast du in Wuischke Freundinnen oder Freunde?

EE Jahrelang bin ich jetzt im Sommer auf dem Land doch auch sehr viel allein.

MR Fühlst du dich manchmal einsam?

EE Ach, das hat sich so ausgebildet über die Zeit. Du siehst ja, dass ich ziemlich viel Gesellschaft in mir habe.

Elke Erb vor ihrem Sommerdomizil im Wuischke, Mai 2017
(Foto: Manfred Rothenberger)

Knacknüsse

MR Deine Texte sind Knacknüsse, an denen sich noch einige Generationen von Literaturwissenschaftlern die Zähne ausbeißen können.

EE Nein, so was Gemeines, wer hat denn das gesagt?

MR Ich.

EE Du? Bist du verrückt? Warum wollen die sich die Zähne ausbeißen? Ich bitte dich.

MR Weißt du, ich finde, eigentlich müssten die Germanistinnen und Germanisten jeden Tag vor deiner Tür Schlange stehen, dich befragen – dokumentieren, was du machst, und wie du es machst.

EE Da steht niemand vor der Tür, sie drücken sich um mich.

MR An deinen Texten kann man lange kauen, deswegen habe ich das mit den Knacknüssen gesagt. Das war als Kompliment gemeint.

EE Ich hoffe doch sehr, dass man mich nicht zu Ende kauen kann.

MR Haben sich denn schon mal Literaturwissenschaftler bei dir gemeldet?

EE Nein. Weißt du, dann können sie einen auch nicht verletzen mit ihren Scheißdingern da, mit ihren Einordnungen.

MR Ich muss lachen, denn ich gönne den Germanisten deine Texte. Die sollen mal richtig was zu tun kriegen.

EE Aber das will ich gar nicht, dass sie damit arbeiten. Das ist nicht ihre Sache. Ich möchte nicht, dass sie damit rummachen.

MR Das ist auch schön, wenn du das so sagst.

Wörter, die einen okkupieren

EE Ich gucke übrigens inzwischen sehr oft in das *Deutsche Wörterbuch* von Jacob und Wilhelm Grimm.

MR **Was suchst du da? Wörter, die wir längst vergessen haben? Oder wo unsere Wörter herkommen?**

EE Es gibt da die Wortherkünfte. Zuerst bekommst du das Wort angenehmerweise auf Lateinisch, dann gibt es Situationsbeschreibungen und wie sich die Wortbedeutungen verändern. Ich habe mal einen Text geschrieben, den hat die Herta Müller haben wollen. Über Wörter, die einen beherrschen. Wörter, die einen okkupieren. Da wählte ich »Verantwortung« und bin enttäuscht worden vom Grimm'schen Wörterbuch. »Verantwortung« heißt nämlich gar nicht so was Edles wie Verantwortung übernehmen, keineswegs, sondern du sollst dich verantworten für ein Delikt.

MR **»Verantwortung« ist also fast schon ein Schuldspruch?**

EE Ja, du sollst dich verantworten für etwas, was du vielleicht gemacht hast, du sollst Antworten darüber geben, ob du das gemacht hast. Es war ja schon immer so, dass man seiner Verantwortung nicht gerecht wurde.
Dann habe ich aber einen Ausweg gefunden, denn nachher, nachdem das Wort so edel auf mich gewirkt hat, hörte das Schuldgefühl auf, denn ich spürte, ich werde der Verantwortung nun doch gerecht: in der Wortarbeit, in meinen Texten. Interessant.

MR **Allerdings.**

EE Das zweite Wort, dem ich im *Deutschen Wörterbuch* der Brüder Grimm nachforschte, war »Anstand«. Da war ich vielleicht gerade noch davon erfüllt.

Aber dieses Wort hatte ja früher eine ganz andere Bedeutung. »Anstand« war, wenn man einen Waffenstillstand machte. Oder wenn man wartete – wenn der Jäger auf Anstand ging, dann war das auch ein Warten.

Ja, die Wortbedeutungen – wie das alles plätschert und plätschert, und eigentlich eine unendliche, immense Fortsetzung ist, ohne jede Grenze.

MR **Hast du noch nach anderen Wörtern geforscht?**

EE Ja, das dritte Wort war »ritterlich«. »Ritterlich« war sehr interessant, weil ganz alltäglich. Du gehst ja später wieder und dann bringe ich dich zur U-Bahn. Dafür ziehe ich mir Schuhe an – und während ich mich bücke nach den Schuhen, denke ich: ritterlich. Das heißt, man wird okkupiert von einem Wort, und dieses Wort gibt einem zum Beispiel ein, man sei ritterlich – na, das erhebt einen doch.

MR **Jetzt stell dir mal vor, alle Menschen würden mit einem Grimm'schen Wörterbuch unterm Arm durch die Welt laufen, um dem Ursprung der Wörter auf den Grund zu gehen.**

Wir hätten zwar erst mal keinen gemeinsamen Code mehr, aber dafür eine außerordentliche Offenheit, in der die Wörter neu zu leben beginnen.

EE Das wäre durchaus zu empfehlen. Ja, man kann wunderbare Pirschgänge machen im *Deutschen Wörterbuch* der Brüder Grimm.

Ich halte es für eine gute Musik, wenn ein Ton kommt aus der Vergangenheit.

Wilhelm Reichmann

MR In dem von Steffen Popp herausgegebenen und dir und deinem Schreiben gewidmeten *TEXT+KRITIK*-Band von 2017 stellt Ann Cotten in dem Aufsatz *Das Staunen und die Unschuld und die Macht und die Einsamkeit* fest: »Das Einzige, was ein blutendes Herz sich etwas draußen vor der Tür fühlen lässt, ist, dass die Erb'sche Haltung nicht leiden kann. Sie kann zwar das Leiden aus der souveränen Schreibhaltung genauestens untersuchen und alle Aspekte der Dialektik des Leidens herauskombinieren. Sie kann das Leiden sogar sehr gut beschreiben – so gut, dass man es schon spürt. Aber wer die Dichterin selbst leiden sehen möchte, der oder dem wird mit den Texten nicht gedient.«

EE Das stimmt auch … *(denkt länger nach)* – nein, das stimmt nicht. Ob Ann das wohl selbst ist, von der sie da spricht. Was heißt überhaupt: »den Texten«? Da hat sie keine klare Unterscheidung. Das ist unklar bei ihr. Ann unterscheidet nicht. Also: Natürlich schreibst du, und es gelingt dir, sonst würdest du es ja nicht gelten lassen. Und das ist kein Leiden, selbstverständlich.

Aber wenn ich jetzt, sagen wir mal, in *Sonanz* gehe, und dort vor Ergriffenheit verweile, weil mich das überstürzt erinnert an etwas, was ich in Zusammenhang mit Freude erlebt habe, dann ist das auch kein Leiden. Aber es gibt wirkliches Leiden, etwa in … sie kommen in ein KZ, und man sagt zu ihnen, ihr werdet da gutes Wetter haben, oder irgendsoetwas. Das ist echtes Leiden. Da habe ich Leiden direkt ausgedrückt.

Es stimmt also hinten und vorne nicht, was Ann da sagt. Weißt du. Und noch dazu sagt sie: »Sie kann das Leiden sogar sehr gut beschreiben«. Was soll das denn bitte heißen? Jetzt sagt sie, sie kann das gut beschreiben, aber selber leidet sie nicht. Das kann doch nicht sein. Ann ist in ihrer Frechheit schon ganz schön naseweis.

MR **Aber sie schätzt dich sehr.**

EE Ich sie ja auch. Aber ich denke, dass das mit dem Leiden eigentlich für sie ein Thema ist, und nicht für mich. Das geht mich nichts an, was sie da sagt, und ich sehe auch nicht, dass Ann Cotten irgendwo leidet. Nicht, keine Zeile, nichts.

Ich weiß noch, wie sie mal mit Monika Rinck beim Papenfuß aufgetreten ist. Das fand ich ganz toll von den beiden. Da ging mir auf, wie gut sie sind. Auch real bleibend an den Dingen. An dem, was da ist ... Moment, da muss ich mir gleich was notieren. Gib mir mal deinen dicken Kuli. Den darfst du nicht verschenken ...

Weißt du eigentlich, wie sich das Alter an der Rechtschreibung rächt?

MR **Das Alter rächt sich an der Rechtschreibung?**

EE Ich mache dauernd Fehler. Wirklich! Ich vergesse dies und das. Zum Beispiel lese ich Wilhelm Reich und schreibe etwas in das Tagebuch. Aber plötzlich steht da »Wilhelm Reichmann«. Na sowas. Laufend. Und das gibt es auch mit Zahlen. Ich will »63« schreiben, schreibe aber »36«.

MR **Das kann sich auch kreativ auswirken ...**

EE ... hmm, warte mal ... was habe ich damals geschrieben in *Winkelzüge*: »Sind wir noch bei uns gewesen, als wir rechts und links von uns unterschieden haben«.

Das ist doch magisch, auf einmal mache ich das, verstehst du – als würde ich Partei gehen mit der, die ich damals war. Das ist doch irre. Also so was.

Mit Tieren sprechen

MR Als ich heute zu dir nach Wuischke gekommen bin, war im Vorraum ein Vogel eingesperrt und ist gegen die Fenster geflogen. Ich wollte den Vogel mit einem Eimer fangen und hinaustragen, da bist du gekommen und hast gesagt, nein, lass mich erst mal mit ihm sprechen, und hast dann zu dem Vogel gesagt, dass er durch den schmalen Spalt eines halb geöffneten Fenster hinausschlüpfen soll. Sprichst du öfter mit Tieren?

EE Ja. Aber das ist doch normal. Ich weiß ja, dass mich der Vogel nicht hört.

MR Und trotzdem sprichst du mit ihm?

EE Es könnte ja sein, dass er das irgendwie merkt. Dass ich gar nicht böse bin.
Aber da kannst du natürlich auch eine Enttäuschung erleben. Wie die Vögel immer tun, wenn du sie vor Katzen schützen willst – so, als ob du der letzte Dreck von Feind wärst.

Honig aufs Schwarzbrot

MR **Du hast einmal gesagt, Poesie ist eine Erkenntniskraft. Ist die Poesie der Philosophie, der Psychologie und den Naturwissenschaften ebenbürtig?**

EE Weißt du, sie geht aufs Ganze, und das tun die anderen alle nicht. Sie können das nicht. Die anderen Systeme schließen aus, die Poesie umschlingt.

MR **Ist die Poesie die Mutter aller Wissenschaften?**

EE Ja, das würde ich meinen. Da ist so ein ganzheitliches Wissen. Da ist etwas, was die Empfänglichkeit nicht einschränkt. Wenn sich der Wissenschaftler einlassen kann auf die Poesie, und sie auf sich zukommen lässt, dann ist das wie Honig aufs Schwarzbrot. Wenn er merkt, das gibt es: eine Beglückung durch das Wahrnehmen anderer Wahrnehmungsmöglichkeiten. Das sagen manche auch so.

MR **Beglückung durch das Wahrnehmen anderer Wahrnehmungsmöglichkeiten – ist das der Antrieb für deine Arbeit?**

EE Weißt du, ich denke immer von verschiedenen Seiten her. Ich wechsle beim Denken ständig die Seiten. Eigentlich geht es mir nur um die Bewegungen und das Bewegen meines Denkens. Um das Aufmachen und das Gleichzeitig-Sehen mehrerer Perspektiven. Wenn du das schaffst, dann macht dich das sehr glücklich. Wie eine Bewusstseinserweiterung ohne Drogen.

MR **Nur kraft des eigenen Denkens.**

EE Ja, ich würde auch meinen, ich bin in den letzten Jahren intelligenter geworden. Früher habe ich ein Programm gehabt – in der Ernährung, im Lebenswandel, bei der Arbeit. Auf einmal merke ich, was machst du denn da, das brauchst du doch nicht. Du kannst das doch ganz anders machen.

Einer von Elke Erbs Arbeitsplätzen in ihrem Haus in Wuischke,
Mai 2017 (Foto: Manfred Rothenberger)

Das kenne ich von früher so nicht. Da hatte ich noch ein Gehorsamsempfinden mir selbst gegenüber. Aber das ist doch bekloppt. Du brauchst natürlich Freiheit. Keinen Gehorsam.

MR **Du fühlst dich heute freier?**

EE Ja, auch freier von mir selbst. Weil ich mich entbunden habe. Und weil ich merke, dass das Gehirn gerne denkt. Dann lass ich es halt denken.

Wenn ich »Ich« sage

EE Übrigens konnte ich die Formel vom lyrischen Ich nie leiden.

MR **Wie meinst du das?**

EE Wenn ich »Ich« sage, dann meine ich auch Ich.
Das lyrische Ich ist so was wie Schauspielerei, ich hasse dieses Wort.
Bei mir gibt es kein lyrisches Ich, sondern da geht es immer um eine reale Person, in dieser oder jener Funktion, wenn ein Ich auftaucht.
Wer denkt sich denn solch einen beknallten Begriff aus?

MR **Ich will jetzt nicht schon wieder die Germanisten ins Spiel bringen ...**

EE ... aber das ist doch lächerlich. Und sprachlich falsch. Es gibt kein lyrisches Ich. Was soll das denn heißen?
Wenn ich in der Lyrik etwas sage, nennen sie es das lyrische Ich ... diese Leute können nicht einmal richtig sprechen. Sie gehen unsauber mit den Begriffen um.

Es ist ein Knie, sonst nichts

EE *(Wir gehen in Wuischke spazieren)* Siehst du, mit welcher Anmut der Baum da auf der Wiese steht. Du sieht es mit dem Gefühl, nicht mit den Augen. Du kannst sogar mit der Schulter etwas begreifen. Früher war das bei mir nicht so entwickelt.

MR »Was das Oberstübchen nicht leistet, übernimmt der arme Körper«, hast du mal in einem Gespräch mit Annett Gröschner gesagt.

EE Guck mal. Erst bin ich ein Stein, dann bin ich ein mehrgliedriges Lebewesen, und schließlich wird die Hüfte zum Erkenntnisplatz. Die Hüfte übernimmt das. Und übrigens, wenn wir gerade davon sprechen, tut sie sofort etwas weh. Das ganze Lebewesen, der ganze Körper wird zum Sinnesorgan.
Unsere eigentlichen Kompetenzen liegen ja in der inneren Struktur, in den Zellen, im intelligiblen Eiweiß. Wir sind vom Eiweiß her intelligent.
Und das ist jetzt keine Poetologie, das ist tatsächlich so.

MR Der Kopf hat nicht allein das Ruder in der Hand.

EE Ja, man kann doch auf das Hirn nicht stolz sein. Das ist doch überhaupt nicht vorhanden.

MR Du meinst ...

EE ... wo ist denn das Hirn, ich bitte dich, ich spüre es nicht.
Ich spür vielleicht was in den Knien oder am Knöchel, aber doch nicht im Hirn.

MR »Ich denke sowieso mit dem Knie« – hat Joseph Beuys gesagt.

EE Da antworte ich mit Christian Morgenstern: »Ein Knie geht einsam durch die Welt. / Es ist ein Knie, sonst nichts! / Es ist kein Baum! Es ist kein Zelt! / Es ist ein Knie, sonst nichts.«

Elke Erb und Manfred Rothenberger in Wuischke, Mai 2017
(Foto: Christine Bofinger)

Dafür brauche ich Wuischke

MR **In deinem Haus in Wuischke hast du ein Herbstblatt auf ein Stück Papier geklebt und daruntergeschrieben: »Stell dir vor, wir haben gesiegt!«**
Was hat es damit für eine Bewandtnis?

EE Es hat auf jeden Fall nichts Pathetisches. Dieser Satz ist nicht geeignet, ein Pathos zu bewahren. Es handelt sich hier um eine Art Schönheit, würde ich sagen. Die Dinge miteinander stehen zu lassen.

MR **Das Herbstblatt und der Text stehen einfach autonom nebeneinander?**

EE Na – das ist schon wie ein Aufruf, aber nicht illustrierend.

MR **Warum hast du das Blatt mit diesem Satz verknüpft?**

EE Das war einfach gottgegeben. Eine Eingabe. Aber wirklich gut. Es hat etwas Entwaffnendes. Es löst etwas in einem.
Aber nicht, dass du jetzt dauernd unter dem Ungelösten gelitten hättest. Es ist sozusagen freigiebig. Und das kriegst du in Berlin, hier in der Stadt, nicht. Dafür musst du schon das Land haben.
Wie soll ich denn mit diesen Häusern hier um mich herum ins Freie gehen können? Geschweige denn ins Freie denken. Dafür brauche ich das Land. Dafür brauche ich Wuischke.

Telefonat, Mai 2020

MR **Hallo Elke, wie geht es dir?**

EE Nicht gut, dauernd Schmerzen im Magen, und dann diese Pandemie, alle tragen Masken, ich auch. Eine komische Zeit. Die Menschen haben die Corona-Pandemie ja jetzt für beendet erklärt, aber ob das die Viren wissen? Wir warten es ab.

MR **Wann wollen wir uns wieder treffen?**

EE Im Juni oder Juli, aber ohne Masken, dann machen wir unser Buch fertig. Wenn das nicht geht, dann eben nächstes Jahr, denn wir schreiben ja für die Ewigkeit. *(lacht)*

Ich sehe leider immer schlechter und komme mit dem Computer nicht mehr zurecht. Schick mir doch noch mal deine Adresse und Telefonnummer – groß geschrieben auf einer Postkarte. Die pinn ich mir dann an die Wand und schicke dir Postkarten zurück, die sollen dich plump erfreuen.

MR **Das mache ich und wünsche dir jetzt noch ein paar schöne Mai-Tage.**

EE Ach, schöne Tage ... nur noch die Bäume sind schön.

Schmerzimmunisiert

MR **Hast du dich jetzt impfen lassen gegen Corona?**

EE Ach, i wo, ich lass mich nicht impfen, diese Viren greifen mich nicht an, ich bin schmerzimmunisiert.

MR **Schmerzimmunisiert?**

EE Mein ganzer Körper schmerzt, dauernd und überall, das kapieren die Viren und lassen mich in Ruhe.

Menschen und Mäuse

MR Du hast den Büchner-Preis bekommen, wow, herzlichen Glückwunsch!

EE Ich bin überrascht, denn ich wusste gar nicht, dass mich so viele Leute kennen.
Dauernd klingelt das Telefon, dauernd rufen mich Leute an und gratulieren, die ich gar nicht kenne oder vielleicht mal gekannt habe.

MR Genieß es, du hast den Preis verdient. Wie geht es dir gesundheitlich?

EE Schlecht, es gibt kein Gedicht von mir, das nicht im Tagebuch und nicht im Liegen entstanden ist – meine Muskeln sind schon ganz krumm.
Mal schmerzt der Rücken, mal die Hüfte, mal das Bein. Ich habe einen Wanderschmerz, aber der Schmerz ist doch keine Handelsware, die man hin und her schicken kann.

MR Hast du einen guten Doktor?

EE I wo, Doktoren sind eh alle scheiße. Ich setze auf Turnübungen und Arnika.

MR Das wird die Kassenärztliche Vereinigung aber gar nicht gerne hören.

EE Ich war schon immer deutlich im Ausdruck.

MR Macht dich der Büchner-Preis glücklich?

EE Ach, was soll ich mit Glück? Ich habe 50.000 Euro bekommen, das ist viel Geld, aber Geld kann nicht glücklich machen. Ein Glück ist für mich, wie der Georg Büchner seine Sätze baut. Ich liebe Georg Büchner sehr.

MR Du hattest oft Geldsorgen, bist aber immer irgendwie durchgekommen.

EE Ich weiß noch, wie ich mal zur Ost-Berliner Zeitung *Sonntag* ging und ihnen sagte, sie möchten mir bitte Geld borgen, ich habe keins mehr. Die haben das nicht gemacht und ich habe das überhaupt nicht verstanden.

MR **Du hast Hilfe erwartet.**

EE Ich habe es nicht verstanden, wo sie doch Geld hatten, dass sie mir nichts geborgt haben. Also wirklich. Ich verstehe bis heute nicht, wie Menschen solche Mäuse sein können.

MR **Mit Mäusen meinst du geizig?**

EE Na, irgendsowas Krückeliges, Kleines, Huschiges. Wenn ich Geld habe, kann ich doch anderen was borgen.

MR **Ein interessantes Bild – wenn's um Geld geht, werden die Menschen zu Mäusen.**

EE Der Kapitalismus, der müsste auch mal überwunden werden. Das ist ja weit unter dem, was ein Tier ist. Diese unendliche Gier. Nur Geld, Geld und noch mal Geld. Das unterbietet ja alle menschlichen Möglichkeiten.

Es könnte vielleicht sein, dass der Kapitalismus so interessant ist wie ein Schachspiel. Aber das ist doch nicht alles, das nährt doch kein Leben. Diese Menschen, wie geht es ihnen denn psychisch? Da ist ja keinerlei Höhe da.

Die Grundregel ist doch, wie Goethe das den Mephistopheles sagen lässt im *Faust*, »tierischer als jedes Tier zu sein«. Das ist die kapitalistische Grundregel.

Das ist so primitiv. Einfach primitiv. Dafür sind wir nicht Menschen. Da ist doch viel mehr los in uns als das.

Die haben im Kindergarten leider alle nicht Flöte gespielt.

MR **Wer?**

EE Na, die Kapitalisten.

MR **Du meinst, die haben keine musische Ausbildung?**

EE Die haben keine seelische Ausbildung. Da ist doch nur noch ein Ramschen.

Ernst Osterkamp, Präsident der Deutschen Akademie für Sprache und Dichtung, gratuliert Elke Erb zur Verleihung des Georg-Büchner-Preises, Staatstheater Darmstadt, 31.10.2020 (Foto: picture alliance/dpa | Frank Rumpenhorst)

Kelke Bab

EE In letzter Zeit hat mich eine scharfe Demenz befallen.

MR **Den Eindruck habe ich nicht.**

EE Aber wenn du 6.3. hinschreibst und es handelt sich um den 3.6., das ist selbstverständlich dement. Und wieso falle ich plötzlich hin? Warum passe ich denn nicht besser auf?
Das ist natürlich ein ganz starker Einbruch. Ich denke immer, andere haben ein Gedächtnis und bei mir schwimmt es weg. Du musst ständig achtgeben. Du musst so achtgeben, wie wenn du ein Kleinkind anfasst. Das ist wie ein neues Leben anzufangen.

MR **Du hast kürzlich in einem Telefonat von der glücklichen Re-Infantilisierung im Alter gesprochen.**

EE Ja, man reagiert wieder ganz unmittelbar. So wie ein Kind. Das heißt im Grunde, dass das Kind, das man mal war, wieder befreit wird. Aber das Kind ist ja inzwischen durch mehrere Jahrzehnte gewandert. Und hat mittlerweile ganz schön was auf dem Buckel.

MR **Du bist dem Kind, das du mal warst, wieder nah?**

EE Das würde ich meinen. Und wenn du so sprichst mit mir, sehe und nenne ich mich wie früher. Ich nenne mich Kelke Bab. Als kleines Wesen habe ich mich Kelke Bab genannt.

MR **Wie kamst du denn darauf?**

EE Weiß ich nicht mehr. Aber ist doch einleuchtend. Mir ist das jetzt vollkommen einleuchtend: Kelke Bab. Als Kleinkind redest du eben so.
Das ist schön, ich habe meinen eigentlichen Namen wiederentdeckt.

Wenn ich im Himmel ankomme

MR Friederike Mayröcker ist eine gute Freundin von dir, habt ihr noch Kontakt?

EE Na ja, ich hatte lange mit Friederike nicht gesprochen. Auf einmal klopft bei mir irgendetwas an und ich gehe, weißt du, geführt vom Geheiß eines Gottes oder seines Botschafters, zum Telefon und rufe sie an. Nach langer Zeit. Und da sagt sie, ich denke immer an dich.

MR Oh.

EE Es kann ja sein, dass sie genau in dieser Zeit öfter an mich gedacht hat, so wie ich auch plötzlich an sie gedacht habe. Und dass da gegenseitig ein Strom ist. Das ist durchaus möglich. Ich weiß es natürlich nicht. Bloß, diese rätselhafte Spökenkieker-Sicht, die habe ich von meiner Großmutter, die eine Westfälin ist. Da kannst du sagen, was du willst, es existiert so etwas.

MR Habt ihr euch früher öfter getroffen?

EE Ja, ich war auch bei ihr in Wien, wir haben uns schon öfter getroffen. Und uns unserer Lebendigkeit versichert.

Einmal bin ich mit Friederike in Berlin spazieren gegangen. Da hat sie etwas über mich gesagt, und plötzlich hatte ich das Gefühl, jetzt habe ich mich verstanden.

Und als sie 80 Jahre alt wurde, da sind wir alle nach Wien gefahren, um sie zu feiern. Da war so ein langer Saal, vorne sind sie noch am Machen und Vorbereiten, und Friederike kommt. Ich sitze hinten auf der letzten Bank und sie setzt sich neben mich. Da sage ich zu ihr, weißt du was, du wirst mindestens 90 Jahre alt. Da hat sie gelächelt. Zu dieser Zeit sprach sie immer schon am Telefon mit so einer zitternd armen Stimme, so, als ob sie bereits am Ende wäre.

MR **Weißt du noch, wann ihr euch das letzte Mal getroffen habt?**

EE Das muss man nachgucken, solche Dinge kann ich nicht behalten. Aber wenn ich im Himmel ankomme, da fragen sie nicht nach.

Elke Erb in der Schwedenstraße, Berlin, 25.10.2020
(Foto: ©gezett)

Telefonat, Dezember 2021

MR **Wie geht es dir heute?**

EE Ich schaff es im Moment nicht, meine tägliche Gymnastik zu machen. Aber dafür laufe ich viel.

MR **Das ist doch gut.**

EE Ja, mindestens. Und dann ist auch bei meinem Körper etwas Neues da. Ich schaffe es, mich mehr um ihn zu kümmern. Ich liege da und schicke ihm meine Aufmerksamkeit, sagen wir mal in die Arschbacke, und das wirkt. Wenn ich mich nicht um ihn kümmere, würde mein Körper ja vollkommen verlottern. Für meinen Körper bin ich wie eine Hausfrau zu mir selber, verstehst du. Ich bin gut zu meinem Körper, damit er auch gut zu mir ist.

Man hat ja nur diesen einen Körper, und der muss ganz schön viel mitmachen in so einem Leben.

Außer man stirbt selbst

MR **Hast du eigentlich Angst vor dem Tod?**

EE Vor 20 Jahren bin ich mal im Bett gesessen und habe gesagt: Ich werde bestimmt hysterisch, wenn ich sterbe.
Aber Angst? Nein, Angst habe ich keine. Ich brauche auch keine Religion, die mich hält. Der Tod gehört dazu.
Das Sterben ist schon eine schlimme Sache, außer man stirbt selbst. *(lacht)*

»friedlich, mit / Grabbeigaben / ...«, Wuischke, Mai 2017
(Foto: Manfred Rothenberger)

Weiterarbeiten

MR **Wollen wir schließen für heute. Es war viel, oder?**

EE Ja.

MR **Habe ich dich sehr angestrengt?**

EE Nein, ich muss mich nur gleich wieder anstrengen.

MR **Du musst dich gleich wieder anstrengen?**

EE Ja, ich muss gleich weiterarbeiten, aber lass es dich nicht verdrießen.

Elke Erb, Berlin, 20.10.2020
(Foto: ©gezett)

Nachbemerkung

Dieses Buch beruht auf Gesprächen, die ich zwischen 2015 und 2022 mit Elke Erb geführt habe – in ihrer Hinterhofwohnung in der Schwedenstraße in Berlin, in ihrem Sommerdomizil in Wuischke bei Hochkirch in der Oberlausitz, und bei Spaziergängen und Telefonaten.

Ursprünglich wollte ich mit Elke chronologisch durch ihr Leben und Werk gehen, aber von Begegnung zu Begegnung führte uns die Dynamik der Gespräche immer weiter fort von meinem Fragenkatalog, bis wir schließlich auch über Viren und Boxkämpfe sprachen, über intelligibles Eiweiß und das Stocknagelwesen, über die Gesänge der Pessimisten und Bäume als seelische Veranstaltung.

Miterlebt haben zu dürfen, wie Elke Erb aus dem unablässig sprudelnden Brunnen ihres Kopfes schöpft, wie sie auf ihr Leben schaut und auf die Welt, habe ich als ein großes Privileg empfunden. Ihre Assoziations-, Spott- und Formulierungslust, ihr trockener Humor, ihre jähen Gedankensprünge und verblüffenden Verknüpfungen von scheinbar Unverknüpfbarem faszinierten mich. Und wenn ich ob Elkes pointierter Sentenzen einmal zu sehr in akklamatorische Begeisterung geriet, holte sie mich mit einem lakonischen Spruch schnell wieder zurück an das harte Holz des Tisches, an dem wir gerade saßen.

Mein Ziel war es, Denken und Sprechen dieser außergewöhnlichen Dichterin zu dokumentieren, und mein Wunsch ist es, mit diesem Buch neugierig zu machen auf ein Werk, dem man – Elke Erb zitierend – so unbefangen und neugierig begegnen kann »wie einer sich ständig verschiebenden Wolkenformation«.

Schauen wir also öfter einmal in den Himmel, und öfter auch in die Bücher von Elke Erb – beides kann kein Fehler sein.

Mein Dank gilt Simone Gebhardt für ihre Geduld und Gewissenhaftigkeit bei der Transkription meiner Gespräche mit Elke Erb.

Ich danke meiner Frau Christine Bofinger für ihre Akzeptanz meiner mentalen Absenzen trotz physischer Anwesenheit während der Arbeit an diesem Projekt. Zu ihrer Akzeptanz beigetragen haben mag eine (leider nicht aufgezeichnete) irrwitzige Konversation während einer gemeinsamen Taxifahrt im Januar 2016 durchs nächtliche Berlin, worauf sich Christine und Elke fest ins Herz geschlossen hatten.

Vor allem aber danke ich Elke Erb für die Gastfreundschaft, die sie mir gewährte, für ihr Vertrauen und ihre Offenheit – und dafür, dass sie mich eine Zeitlang hat teilhaben lassen an ihrer wunderbaren Verve, ihrer inneren Unbeugsamkeit und den niemals vorhersehbaren Windungen und Wendungen ihres Denkens, Sprechens und Schreibens.

Manfred Rothenberger

Bild-Text-Collage von Elke Erb
(Foto: Steffen Popp)

»Titel: Orientierung gefunden«

Ein Streifzug durch Inhouse-Murals und Material-Text-Collagen in Elke Erbs Klebewelt

Steffen Popp

An einem der verglasten Bücherschränkchen, die im Korridor von Elke Erbs Wohnung teils hängen, teils aufeinandergestapelt stehen und Teile ihrer Bibliothek beherbergen, finde ich eine rätselhafte Notation in, neben und unter einem Text, der in keinem ihrer Gedichtbände steht. ↓

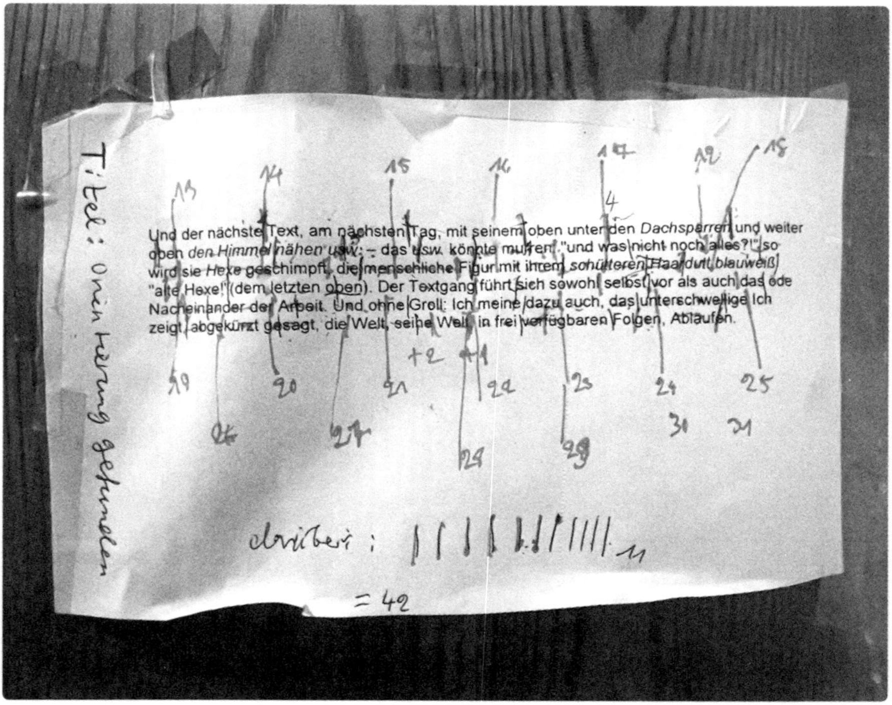

»Titel: Orientierung gefunden«. Recherchen führen zu einem Selbstkommentar Elke Erbs zu ihrem Gedicht *Wörterbuch* in *Sonanz* (2008), entstanden Jahre später, im Sommer 2016 (Foto: Steffen Popp)

Die mit schwarzem Kugelschreiber und rotem Filzstift ausgeführten Markierungen, Striche und Schnitte, die Erb in diesen Text legt, und der numerische Kalkül, den sie in ihm, darunter und zugleich, wie vermerkt, »darüber« vornimmt, haben sich mir nie ganz erschlossen – und wie über viele andere seltsame Gegenstände habe ich sie leider auch dazu nicht befragt. Nahe liegt: Lese-Sekunden – die Erb gerne stoppte, hier vielleicht noch mit elf Sekunden unsichtbarem Text »darüber«? Ein Rätsel bleibt in jedem Fall (warum werden genau diese Stellen markiert?) und reizt dazu, sich tiefer in die Klebe- und Zettelwelten der Dichterin zu begeben, die Türen, Wände und Möbel ihrer Berliner Wohnung über Jahre mit Murals und Petersburger Hängungen überzieht.

Tür

Nach kurzem Weg durch einen der hof- und flügelreichen Wohnkomplexe aus der Gründerzeit, die es in europäischen Städten regelmäßig zu durchdringen gilt, beginnt auch ein Besuch bei Elke Erb: an einer Tür. Viele Jahre und wohl den größten Teil ihres Lebens wohnte sie in solchen Gebäuden – in Halle an der Saale und seit den späten 1970er-Jahren in verschiedenen Nordbezirken Berlins: in Pankow, schon Mitte-nah am Prenzlauer Berg, und zuletzt gut 25 Jahre im Wedding, Schwedenstraße 17 A, erster Hinterhof, Quergebäude, linker Treppenaufgang, Hochparterre. Wer die Dichterin dort besuchte, kam an diese Tür. ↗

Elke Erbs Wohnungstür in der Schwedenstraße 17 A, Ansicht vom Treppenhaus (Foto: Steffen Popp)

Es ist, unverkennbar, der Eingang zu einer eigenen Welt. Relativ mittig angebracht eine mit Filzstift ausgeführte handschriftliche Anweisung, die gut auch als Wegweiser respektive Zaunpfahl in Elke Erbs Werk dienen könnte: »Eintritt von Idioten ist hier verboten. Kikeriki!«
Die Ausgestaltung dieses Türblattes und des hier nur im Ansatz sichtbaren Rahmens der wie so häufig in Berlin massiven, ochsenblutroten Wohnungstür, die seit 100 Jahren in ihren Angeln hängt, kann exemplarisch für ein Arbeits- und Kompositionsprinzip stehen, dem Elke Erb bis zuletzt die Treue hält: Suchbewegungen an Gelegenheiten entlang, in der Literatur und jenseits von dieser, ständiger Austausch zwischen diesen Sphären, und darüber hinaus – konsequent keins.
Die Materialien und ihre Bearbeitung sind repräsentativ: Aus allen erdenklichen Quellen ausgeschnittene Porträts, oft von historischen und lebenden Dichtern, Reproduktionen von Kunstwerken, aus ihren Kontexten gelöste Motive, die schlicht gefielen, und, wohl aus demselben Grund, Postkarten, unbearbeitet, kommentiert oder collagiert. Dazwischen Zitate aus dem eigenen Werk, Notate aus den Tagebüchern, Anweisungen an sich selbst und an die besuchende Welt. Querlaufend über dem Türspion: drei Montagen aus Buntpapierschnipseln der Art, die Elke Erb in ihren letzten Jahren auf zahlreichen Blankopostkarten an Freunde verschickt und Besuchern schenkt. Von kleinen Arbeiten befreundeter Künstlerinnen und Künstler abgesehen, die in ihrem an Kontakten in verschiedene Szenen und Kulturen reichen Leben als Geschenke zu ihr kommen, keine »Kunstwerte«, schon gar nicht gerahmt.
Dieses Ausschnitt-, Collage- und Klebewerk, Ausdruck von Orientierung, hierarchiefreiem Zugriff und Wertschätzung noch des kleinsten Zettels, auch eine Lebenskunst, ein Lebens-Werk ohne Werkcharakter, setzt sich im Innern der Wohnung an anderen Türen und praktisch allen Wänden, Schränken und Regalen fort. Es wird immer wieder verändert und ist vor allem in den letzten Jahren, in denen sich Elke Erb ihrer schwindenden Sehkraft wegen zunehmend visuell orientiert, ständig am Wachsen.

Küche

Besuche bei Elke Erb spielen sich meist in ihrer Küche ab, dem einzigen Raum, dem sich das Geklebte motivisch anpasst: Rezepte, Bilder von Backwaren, Gemüsen, Gewürzen ... kein Inventarium von »Küche« und »Kochen« allerdings, eher ein Kommentar dazu. Dazwischen: Schnipsel aus Bildender Kunst, Hinweise an sich selbst, kleine Sentenzen. Das Kochen ist Elke Erbs Stärke nicht – legendär sind die drei kulinarischen Standards, die Besuchern regelmäßig serviert werden. Etwas mit Forelle und Kartoffelstampf ist mir vor allem erinnerlich, dazu Tee, Mini-Windbeutel, gerne auch mal Brausetabletten in verschiedenen Geschmacksrichtungen. Dennoch, oder gerade deshalb – wie die dunkelroten Wollfäden, die, von einem großen Knäuel geschnitten, als Lesezeichen in zahllosen Büchern »rote Fäden« in Erbs Bibliothek einziehen, zieht sich die Beschäftigung mit Nahrungsmitteln und Ernährungsfragen durch ihr Werk. Der Funktionsraum »Küche« wird früh denkbar nüchtern beschrieben: »Gasflamme, Ente und Bratfett hängen Gerüche / in die vom Architekten der Ausbeuter eng gestaltete Küche.« (*Die Küche*, 1973).

Hängeschrank in Elke Erbs Küche, beklebte Ostmoderne. Rechts unten: »Hallo? Geier fressen Markos Herz.« (Foto: Kerstin Kruschwitz)

Ein Lebensmittel, das mehrfach auftritt, ist die Kartoffel; früh im Gedicht *Die Mutter holt Kartoffeln*, das 1975 in Erbs erstem Gedichtband *Gutachten* erscheint. Dieses Gedicht, vielleicht das weltweit einzige, das ganz der Zubereitung eines Kartoffelbreis gewidmet ist, schließt mit den Versen: »Das Kind will nicht essen. // Dies ist ein irrer Augenblick im Leben der Mutter, / der sie verwirrt.« Fast ein halbes Jahrhundert später kommt mir die Kartoffel auf Zetteln entgegen, an einem großen Art-Deco-Kleiderschrank weniger lyrisch als klecksologisch gefasst. ↓

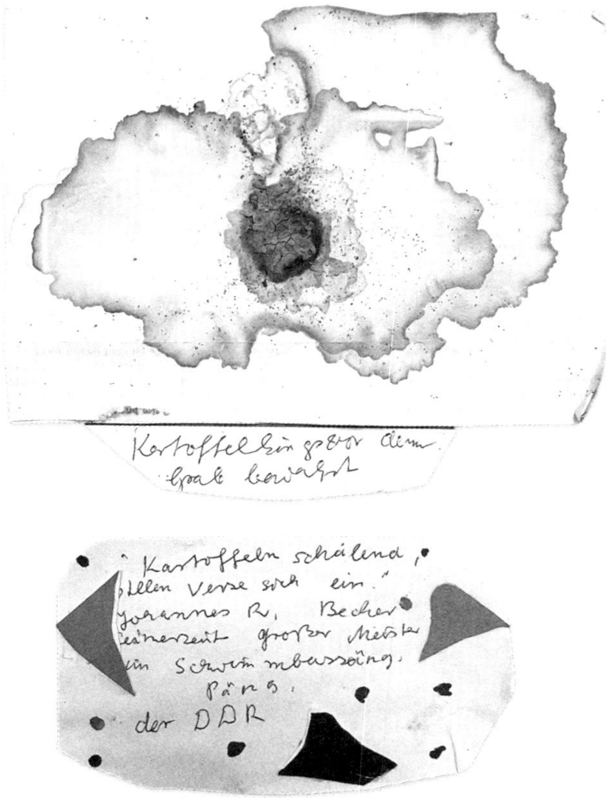

»Kartoffelk(r)ings vor dem / Grab bewahrt«. (Leider schon abgelöst für die Übergabe ins Archiv.) Gleich darunter ein Pieks in die DDR-Klassik, vielleicht die toxischen Bratkartoffeln aus Peter Hacks Parodie auf Sarah Kirsch in *Der Sarah-Sound* (1976) mit im Sinn, und – »Päng« auf »Schwimmbassäng«! (Foto: Steffen Popp)

Grundsätzlichen Fragen danach, was physiologisch, seelisch, kognitiv nahrhaft, nährend und zuträglich sei, geht Elke Erb lebenslang nach. Auf viele und vieles könnte »Kartoffel« Antwort sein … Noch in einem ihrer letzten Notate kehrt sie wieder, schon nicht mehr die eigene Küche im Blick, sondern die einer betreuten Wohngemeinschaft, in die es die Dichterin 2022 verschlägt, nur ein paar Gehminuten von ihrer Wohnung in der Schwedenstraße entfernt.

> 1.9.2022
>
> Ich warte auf das Mittagessen. Wir haben Kartoffeln geschält und geschnitten dafür, mittlere und kleinere.
> Was ich wissen will: Ist die Kartoffel eine Frucht, die ohne Schale und ohne lange in der Erde geblieben zu sein besser an dem Nutzen für uns [ist], [als] wenn sie länger in der Erde bleibt und größer geworden ist? Sollte ich für mich allein kochen, ich wüßte gern: Wenn sie länger in der Erde bleibt, hat sie dann mehr in sich, was unserer Ernährung nützt. Das ist ja nicht das Ziel ihres Wachstums. Die Frage, die sich mir stellt, ist: Wäre sie dicker als diese mittelgroßen, hätte sie dann mehr von uns genutzte Kraft. Bei mir zu Hause in der Schwedenstraße habe ich eine Kartoffel sich auswachsen lassen.
> Ich kenne ja die wissenschaftlichen Erörterungen, habe aber ein Mißtrauen.
> Das ist wirklich die Frage.
> Es kann ja sein, daß ihr Wert für uns irgendwo in der Mitte liegt. Wie ist dieser Wert zu verstehen. Von einem stärker eigentümlichen Geschmack: Was wollen wir?
> Man müsste *unterschiedlich* kochen.

Arbeitszimmer

Der Idee des Wohnzimmers kann Elke Erb nicht viel abgewinnen. Konsumptives Leben ist ihr fremd, grundsätzlich verdächtig – reine Produktivität, allein und mit anderen Menschen, Lebewesen, Gegenständen, das Ideal. Bücher und Materialien wachsen über die Grundordnung ihrer Bibliothek hinaus in alle Lebensbereiche, lose Materialien wandern an Schränken und Wänden hoch. So archiviert und präsentiert zugleich scheinen sie aus der Produktion entlassen und übernehmen andere Funktionen: Augentrost, Kartierung, externes Gedächtnis, Schreibanreiz ... Beleber kahler Flächen, die ihre volle Wirkung erst in der Vielzahl entfalten: Lebensspuren, Lebenszeichen, Nachrichten von Freundschaften mit Malern und Fotografen, Fragmente aus Korrespondenzen mit Dichtern und Übersetzern.

Große Wand- und Türgestaltung, rechts mit Bücherschränkchen. Oben links eine Arbeit auf Papier von Helge Leiberg; links mittig: »Ohne Kühe / hat der Bauer / keine Mühe« (oder: ohne Mühe / keine Kühe?); rechts mittig mit Siegel das Gemälde *Schutzbrief* von Sergej Gladkich (Foto: Kerstin Kruschwitz)

Weiterer Arbeitsplatz. Kleine Hängung über der Sitzbank vor einem Couchtisch, der dem PC vorbehalten ist. Ganz links: Elke Erb wohl mit Elfriede Czurda; handschriftlich viermal: »Niemand ist zu mir gekommen / ich habe ihn geheiratet / denn ganz allein ist man / bekanntlich nie« und einmal »ODER?«; rechts von der Mitte: Annette von Droste-Hülshoff, deren Gedichte Elke Erb herausgegeben hat; rechts unten ein textiler Stuhlbezug von Elke Erb (Foto: Kerstin Kruschwitz)

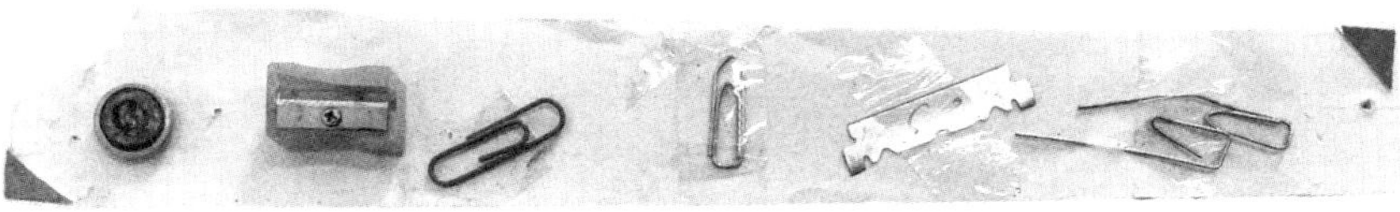

Mini-Fries aus kleinen Schreibutensilien (Foto: Steffen Popp)

Näheres zu ihrer Lebens=Arbeitswelt teilt Elke Erb großzügig, in unnachahmlichem Gestus und Ton zwischen nüchternem Bericht, Schalk und spöttischem Blick auf die Situation in einem Filmporträt von Frank Wierke mit (anzuschauen auf dem YouTube-Kanal des Berliner Hauses für Poesie). Spoiler: Ein einfacher Hocker kann durch schieren Gebrauch zu einem Körperteil werden.
Das Bett ist ein Arbeitsplatz. Die Badewanne ein Lese-Ort, trotz gelegentlicher Buchverluste.

Türen

Nicht nur die Wohnungstür, auch die Innentüren ihrer Wohnung sind Teil von Elke Erbs Klebewelt. Sie dienen en passant auch als Adressbücher.

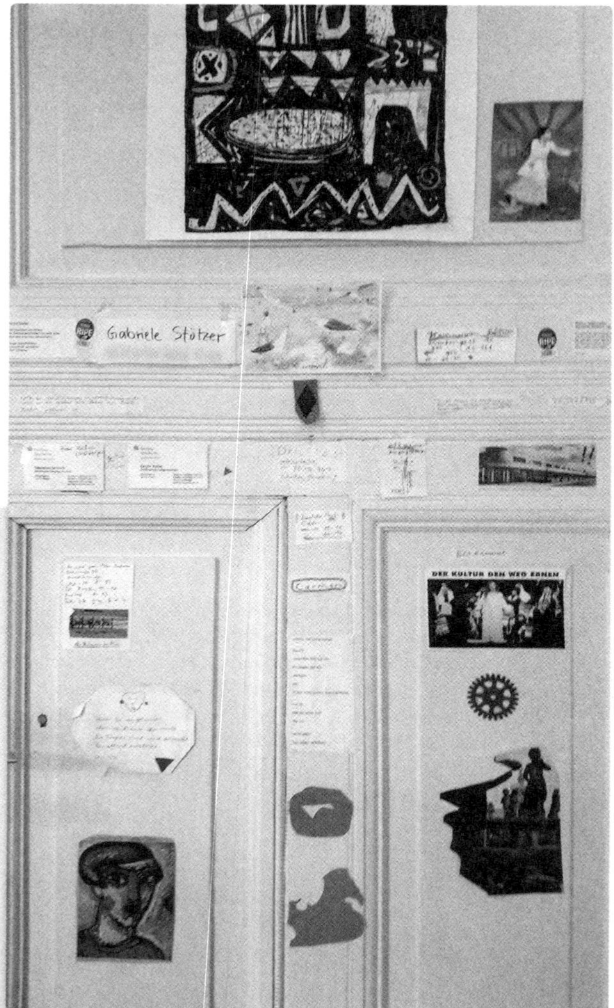

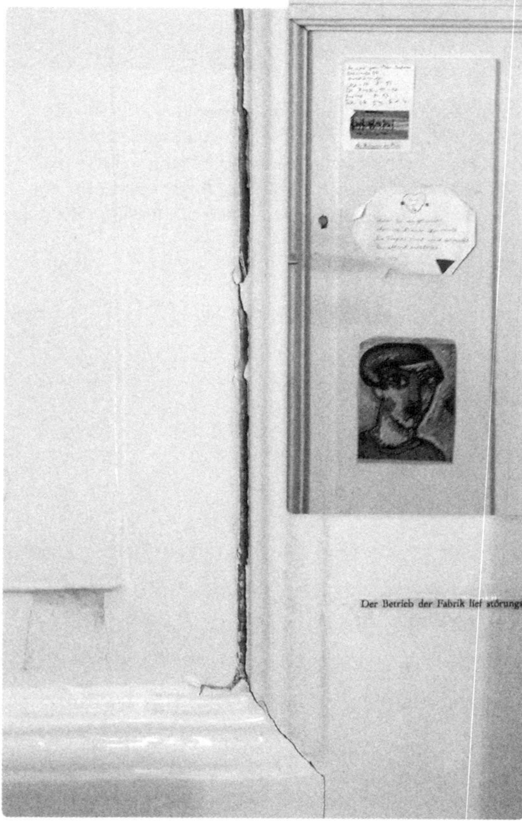

Innentüren und Türzettel. Oben mittig ein Vers von Hendrik Jackson: »Solange die Menschen im Nebel verschwinden / siehst du den Nebel wie Lenin von hinten«; unten: »Der Betrieb der Fabrik lief störungsfr…« (Fotos: Kerstin Kruschwitz)

Am Montag, dem 23. Oktober 2006

waren hier zu Besuch bei Xue Du
aus Hainan (China)

zwei Frauen aus Indonesien
eine Frau aus Mexiko
eine Frau aus Peru
eine Frau aus Deutschland
ein Mann aus Usbekistan
ein Mann aus Bangladesh
ein Mann aus Kasachstan
ein Mann aus Griechenland
ein Mann aus Brasilien
ein Mann aus Mexiko
ein Mann aus Columbia
und seine Frau und
ein Mann aus China

(Foto Tür: Kerstin Kruschwitz;
Fotos Türzettel: Steffen Popp)

Textiles

Wer Elke Erb einmal besucht hat, weiß, dass sie auch eine Textilkünstlerin ist. Selbstgeschneiderte und mit Patches verzierte Kleider zeigen das auch bei ihren öffentlichen Auftritten. Es muss intensive textile Phasen gegeben haben; von Stuhlbezügen, Bettüberwürfen und »Heimtextilien« grüßen stilistisch die 1970er- und 1980er-Jahre. Weniger von Kunst als von gelebtem Eigensinn wäre hier zu sprechen, und einmal mehr von einem Misstrauen gegenüber konsumptiver Existenz.

Oben: Auch Heimtextilien sind nicht vor Assoziationen sicher und manchmal ihre lebendigsten Schauplätze, hier in Gestalt eines Topflappens (Foto: Christian Filips); unten: Heldenfries aus »Stoffresten« (Foto: Steffen Popp)

Anders als etwa bei Else Lasker-Schüler, die ihre »Kostüme« auch selbst herstellte, und, folgt man Gottfried Benn, in ihren späten Jahren in Berlin umständehalber oft nur »von Nüssen und Obst« lebte, ist das selbstgenügsame, dem Schreiben, Übersetzen, Sich-über-vieles-Wundern und Mit-allem-Kommunizieren gewidmete Leben Elke Erbs vielleicht nicht in jeder Hinsicht selbstgewählt, aber doch Ausdruck einer so intuitiven wie unumgänglichen Adaptation an rückhaltlose, per definitionem nicht verwertungstaugliche Kunst, jedem Beweiden von Themen und Affekten fern und dem Spektakel spottend. Nichts, was in letzter Instanz doch wieder konsumptiv und »räuberisch« wäre. Rechenschaft über das eigene Lebewesen und Tun. Damit spielen, es befragen. Einsichten »holen« wie Atem – oder nur eine Schüssel, als Wink zum Befüllen. Ermunterung, so etwas selbst zu versuchen.

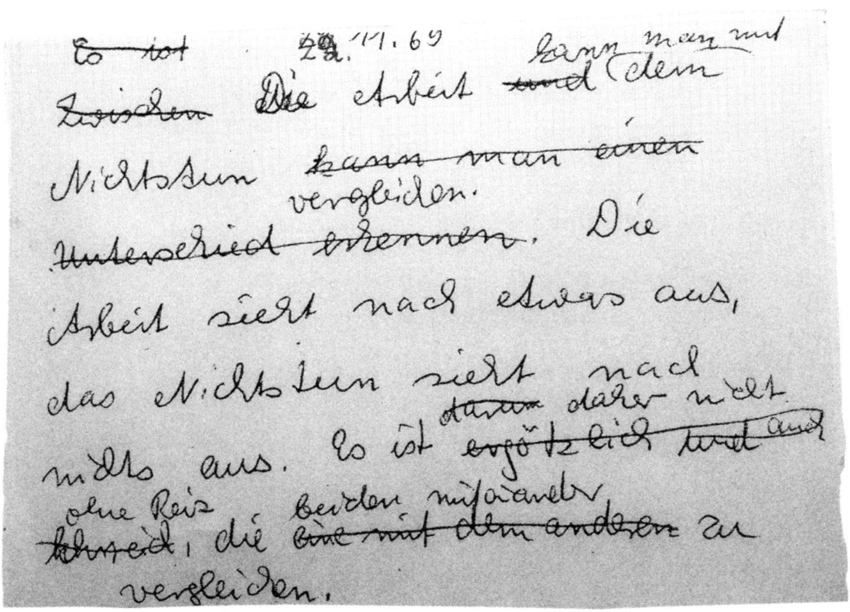
~~Es ist~~ 22.11.69 kann man mit
~~Zwischen~~ Die Arbeit ~~und~~ dem
Nichtstun ~~kann man einen~~
vergleichen.
~~Unterschied erkennen~~. Die
Arbeit sieht nach etwas aus,
das Nichtstun sieht nach
~~darum~~ daher nicht
nichts aus. Es ist ~~ergötzlich und~~ auch
ohne Reiz beiden miteinander
~~[illegible]~~, die ~~eine mit dem anderen~~ zu
vergleichen.

Das Ideal von Produktivität ist kein Arbeitsfetisch: Eines ihrer Notate, die Elke Erb nach 2000 vervielfältigt und an Freunde verschenkt, Transparenz auf den Entstehungsprozess inklusive (Foto: Steffen Popp)

Dass das nicht Lyrik ist, nämlich die beste, und von einer Frau, der das zwar nicht wurscht, aber doch stulle ist, führt zu Geschrei von Leuten, die sich – leider zu Recht – für Dichter halten. Erb sieht das in ihrem Gedicht *In zwanzig Jahren* (1995) klar:

> Seit ich denken kann, ein Geschrei jedesmal,
> wenn ich durchkomme irgendwo – von irgendwo nach
> (unvermutet) irgendwo.
>
> Werde dies Durchkommen zeitlebens als Text
> aufgesetzt, gewebt *haben,* plusquamperfekt.
>
> Also doch dauerhaft *dann,*
> jedes Mal, schärfer, rascher als jetzt & zeitlebens
> *wahrnehmen,* was bleibt, verdickt, während ich
> abnehme.
>
> Abnehme, zunehmend stocke, stutze, stehe und
> Schluß. Kehre ich um, wie vor verschlossenen Türen?
>
> Schließlich weg sein,
> als Kürzel mich überholender Perspektiven
>
> einst in die Welt gesetzt, unvollendeter Vergangenheit.
> Heerzugsmut, schicksalsergebener.
>
> Es sei ausdrücklich wieselflink,
> wie unterwegs das Bachwasser blink.

»Die Menschheit geht mit mir ein Risiko ein. Ich diene als Risiko« sagt sie 1978 im Gespräch mit Christa Wolf, die etwas ratlos vor ihren Texten steht. Und Jahre später, nach dem Systemwechsel erst zurückblickend und sich dann der Gegenwart zuwendend: »Mir ist, als sei ich unterwegs gewesen, lange, durch dieses Jahrzehnt. Eine der aufgebrachten Devisen hieß: ›Grenzen leben heißt offen leben.‹

Neuerdings aber spüre ich einen restaurativen Zug, der mir nicht recht geheuer ist. Allerdings neu für mich. Vielleicht gibt es sich.«
Von einer Kultur, die einen guten Begriff von gesellschaftlicher Teilhabe auf einen schlechten vom Kollektiv herunterbrachte, gerät die Dichterin in eine Kultur, die einen guten Begriff von individueller Freiheit zu einem schlechten von egomaner Selbstverwirklichung verdummt. Plötzlich wollten sie – wenn überhaupt irgendetwas – »Gedichte«! In den Büchern, die Elke Erb bis 1990 veröffentlicht, ist von solchen keine Rede. Stattdessen: Texte und Kommentare, Poesie, Gutachten und Geduldsfäden, Vexierbilder und Winkelzüge: Substanziell Nahrhaftes, Lebensnotwendiges sollte ausgeschenkt werden, angereichert, zum Denken hin offen. Wie es in den *Winkelzügen* heißt: »Die Heldin ist eine Frage.«

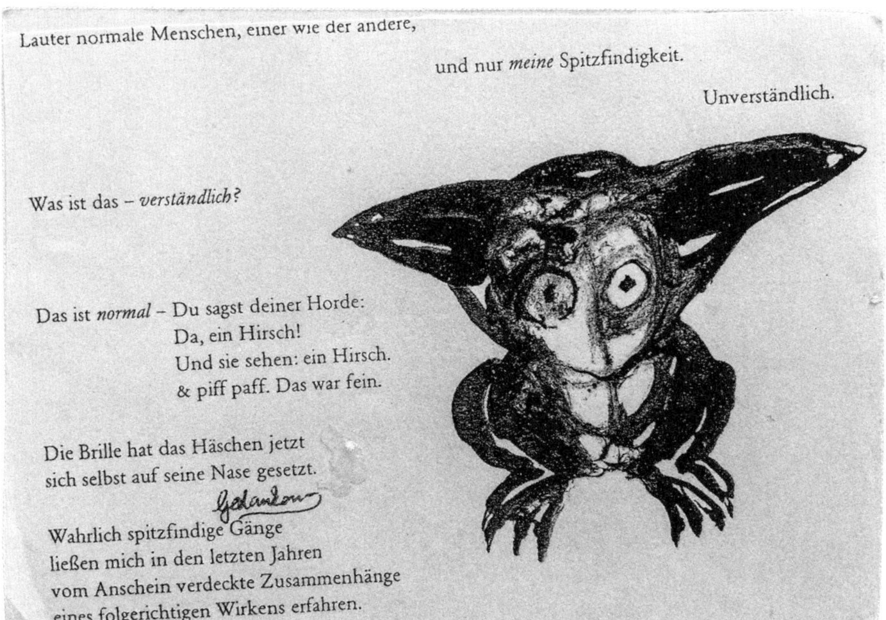

Auszug aus den *Winkelzügen* mit einer der Illustrationen von Angela Hampel und handschriftlicher Korrektur von Elke Erb (Foto: Steffen Popp)

Kunststücke, en passant

Freiheit, Nüchternheit, Chuzpe und Eigensinn, die Elke Erbs »feldhafte« und »prozessuale Erörterungen« – ob sie nun gedichtförmig ausfallen oder nicht – so einzig machen, blitzen auch in ihren Zettel- und Klebewelten auf, auf found footage und Arbeitsmaterialien in Kontakt mit gelebtem Leben.

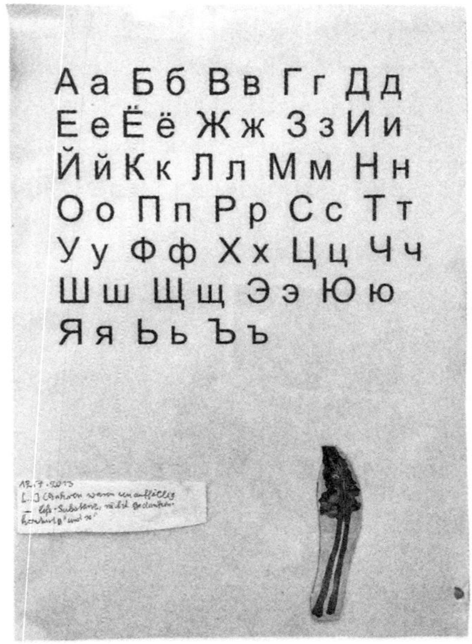

Oben links: »Stell dir vor / wir haben gesiegt!«; oben rechts: »12.7.2013: [...] Chakren waren unauffällig – life-Substanz, nicht gedankenkonturig ›und so‹«; unten links: »Vorsicht, bissiger Hund« (Fotos: Steffen Popp)

Kommentare – Gabriele Wix spricht vom »Leben im Kommentar« – sind Königswege in Elke Erbs Dichtung hinein (einer davon: *Kastanienallee*), und hier, lose montiert, ein Spielmannszug aus ihr hinaus. Erbtypisch: die Glöckchen Möglichkeits- und Beziehungssinn, Schellen auch. Aus- und Herauswege, die allmählich breiter werden. Da die Berliner Akademie der Künste, deren Mitglied sie ist, ein eigenes Archiv für Elke Erb unterhält, liegt alles nun dort, in säurefreien Mappen. Auch wenn sich das lebendige Feld dieser Sachen nicht mehr einholen lässt, geben sie doch, spürbar, etwas von seiner Kontur.

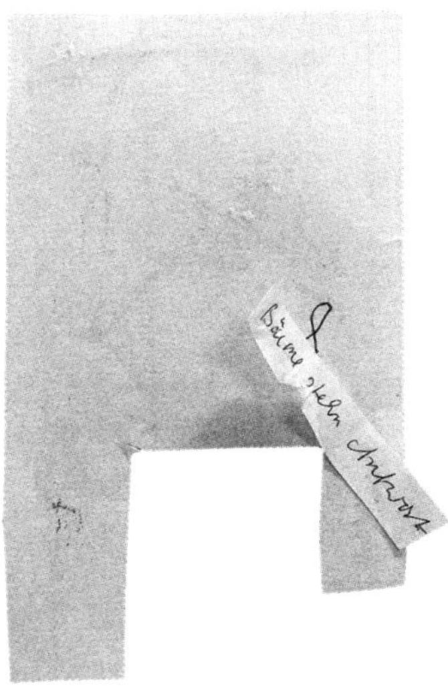

Oben: »Im schwarzen Laub die Friedenstaub«; unten links: »Bäume stehn Antwort«; rechts: »und – ? – (...) – ? – hier« (Fotos: Steffen Popp)

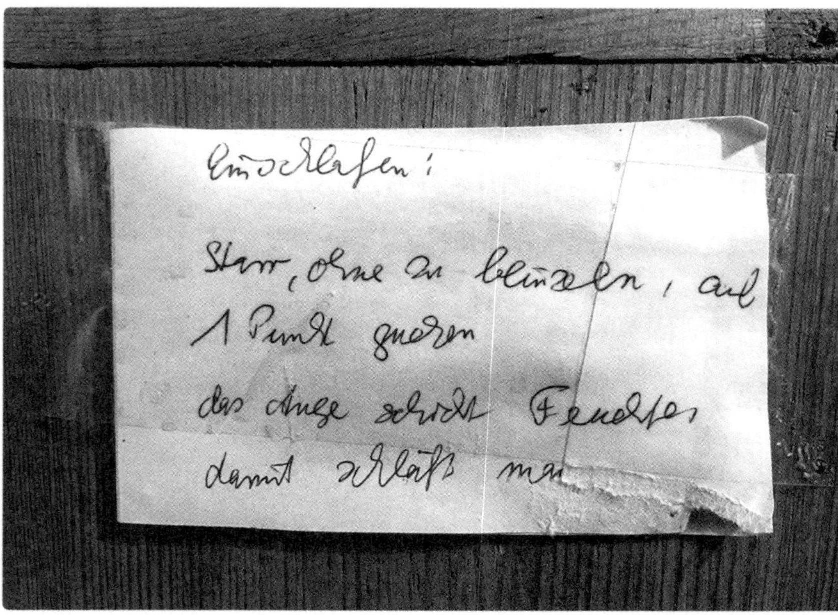

Oben: »Ja freilich glätten. / Niemand schläft auf / Geröll.«; unten: »Einschlafen: / Starr, ohne zu blinzeln, auf / 1 Punkt gucken / das Auge schickt Feuchtes / damit schläft man« – Die Nacht ist eine eigene, vollwertige Arbeitsphase, sagt Elke Erb (Fotos: Steffen Popp)

Anmerkung

Steffen Popp (geboren 1978) gehört einer Generation von Lyrikerinnen und Lyrikern an, die – 40 bis 50 Jahre jünger als sie – Elke Erb zu Beginn der 2000er-Jahre für sich entdecken – Monika Rinck, Ann Cotten, Hendrik Jackson, Christian Filips und viele mehr. Sie folgen darin zwei Generationen »junger Dichter«, die diese Entdeckung vor ihnen ebenfalls gemacht haben: Bert Papenfuß, Stefan Döring, Rainer Schedlinski und Sascha Anderson in den 1980er-Jahren, sowie Thomas Kling, Lutz Seiler, Barbara Köhler und Brigitte Oleschinski in den 1990er-Jahren, um wiederum nur einige von vielen zu nennen.

Seit 2010 hat Steffen Popp die Dichterin in Wuischke und in Berlin regelmäßig besucht, 2017 einen *TEXT+KRITIK*-Band über sie herausgegeben, und 2020 mit Monika Rinck eine (längst überfällige) Auswahl ihrer Lyrik in der Bibliothek Suhrkamp ediert. 2022 gab er die letzte noch von Elke Erb selbst initiierte Veröffentlichung, das *Notizbuch Ende der 90er*, heraus. In den letzten Jahren hat er die Dichterin dabei unterstützt, ihren Vorlass zu sichern.

Die Abbildung der Objekte, Collagen und Texte von Elke Erb in diesem Text erfolgt mit freundlicher Genehmigung des Archivs der Akademie der Künste, Berlin.

Petersburger Hängung zwischen Tür und Tür (Foto: Kerstin Kruschwitz)

Elke Erb

18. Feb. 1938 ...	Geboren in Scherbach (Eifel), Rheinland-Pfalz, als älteste von drei Töchtern des Ehepaars Elisabeth und Ewald Erb
1949	Übersiedlung mit den Eltern und den Geschwistern Gisela und Ute nach Halle (Saale)
1957/58	Abitur und Beginn des Studiums der Germanistik, Slawistik, Geschichte und Pädagogik in Halle
1958/59	Landarbeit auf dem Volksgut Iden in der Wische (Altmark), Sachsen-Anhalt
1959–1963	Lehramtsstudium für die Fächer Deutsch und Russisch an der Martin-Luther-Universität Halle-Wittenberg; Examen
1963–1966	Volontärin und Lektorin im Mitteldeutschen Verlag Halle; Bekanntschaft mit Heinz Czechowski, Sarah Kirsch und Rainer Kirsch
1966	Umzug nach Berlin; Rezensentin und Gutachterin; Beginn als freie Schriftstellerin
1967	Kontakte zu Erich Arendt, Adolf Endler, Karl Mickel und Fritz Mierau; Heirat mit Adolf Endler
1968	Erste Gedichtveröffentlichungen in *Auswahl 68 – Anthologie* (Verlag Neues Leben, Berlin) und *Saison für Lyrik – Neue Gedichte von siebzehn Autoren* (Aufbau-Verlag, Berlin/Weimar)
1969	Arbeitsaufenthalt in Georgien (mit Adolf Endler und Rainer Kirsch); Beginn der Übersetzungsarbeit (u.a. Anna Achmatowa, Alexander Blok, Sergei Jessenin, Boris Pasternak, Alexander Puschkin, Marina Zwetajewa)

1970	Arbeit für Kindertheater und Puppenspiel; Erwerb eines alten Hauses in Wuischke (Oberlausitz); Freundschaft mit Kito Lorenc
1971	Geburt des Sohnes Konrad
1975	*Gutachten – Poesie und Prosa* (Aufbau-Verlag, Berlin und Weimar)
1976	*Einer schreit: Nicht! – Geschichten und Gedichte* (Verlag Klaus Wagenbach, Berlin)
1978	*Der Faden der Geduld* (Aufbau-Verlag, Berlin und Weimar); Scheidung von Adolf Endler; erste Verbindung zu den Prenzlauer-Berg-Autoren
1982	*Trost – Gedichte und Prosa*, ausgewählt von Sarah Kirsch (Aufbau-Verlag, Berlin und Weimar / Deutsche Verlags-Anstalt, Stuttgart; Teilnahme an »Poetry International Rotterdam«
1983	*Vexierbild* (Aufbau-Verlag, Berlin und Weimar); Arbeitsstipendium in Amsterdam
1985	*Berührung ist nur eine Randerscheinung – Neue Literatur aus der DDR*, Herausgegeben zusammen mit Sascha Anderson (Kiepenheuer & Witsch, Köln); Ehrengast der Villa Massimo in Rom
1986	Teilnahme an »Poetry International Rotterdam«
1987	*Kastanienallee – Texte und Kommentare* (Aufbau-Verlag, Berlin und Weimar); *Gesichtszüge*, Gedichte mit Grafik von Christine Schlegel van Otten (Edition Mariannenpresse, Berlin)
1988	Peter-Huchel-Preis für *Kastanienallee*
1990	Heinrich-Mann-Preis (zusammen mit Adolf Endler)
1991	*Winkelzüge oder Nicht vermutete, aufschlussreiche Verhältnisse*, mit Zeichnungen von Angela Hampel (Druckhaus Galrev, Berlin); *Nachts, halb zwei, zu Hause – Texte aus drei Jahrzehnten*, Herausgegeben von Brigitte Struzyk (Reclam-Verlag, Leipzig); *Poets's Corner 3: Elke Erb* (Unabhängige Verlagsbuchhandlung Ackerstraße, Berlin)
1993	Ehrengabe der Deutschen Schillerstiftung

1994 .... *Unschuld, du Licht meiner Augen – Gedichte* (Steidl Verlag, Göttingen); Rahel-Varnhagen-von-Ense-Medaille; Teilnahme an »Poetry International Rotterdam«

1995 .... *Der wilde Forst, der tiefe Wald – Auskünfte in Prosa* (Steidl Verlag, Göttingen); *Mountains in Berlin – Poems selected and translated by Rosmarie Waldrop* (Burning Deck Press, Providence, USA); Erich-Fried-Preis; Ehrengast der Villa Massimo in Rom; Ida-Dehmel-Literaturpreis

1998 .... *Mensch sein, nicht – Gedichte und andere Tagebuchnotizen* (Urs Engeler Editor, Basel / Weil am Rhein / Wien)

1999 .... Elke Erb: *Leibhaft lesen – Gedichte* & Detlef Opitz: *Andersdenken – Laudatio auf Elke Erb* (Verlag Ulrich Keicher, Warmbronn); N. C.-Kaser-Lyrikpreis; F.-C.-Weiskopf-Preis der Akademie der Künste, Berlin

2000 .... *Sachverstand* (Urs Engeler Editor, Basel / Weil am Rhein / Wien)

Seit 2000 .... Mitglied der Sächsischen Akademie der Künste, Dresden

2001 .... *Die Lust – 2 Gedichte* (Verlag Ulrich Keicher, Warmbronn)

2002 .... *Parabel – Gedichte* (Un art ig, Aschersleben); Stipendiatin im Künstlerhaus Edenkoben

2003 .... *die crux* (Urs Engeler Editor, Basel und Weil am Rhein); *Wulf Kirstens Gedicht »Die Fähre«* (Verlag Ulrich Keicher, Warmbronn)

2005 .... *Gänsesommer – Gedichte* (Urs Engeler Editor, Basel / Weil am Rhein und Wien); *Freude hin, Freude her – Gedichte*, korrigierte Wiederauflage von *Poet's Corner 3*, 1991, mit einem Nachwort von Jan Kuhlbrodt (Lyrikedition 2000, Verlag Buch&media GmbH, München)

2007 .... Hans-Erich-Nossack-Preis

2008	*Sonanz. 5-Minuten-Notate* (Urs Engeler Editor, Basel / Weil am Rhein); *Wegerich. Wahn. Denn wieso?* (Verlag Ulrich Keicher, Warmbronn)
2010	*Meins – Gedichte* (roughbooks, Wuischke, Berlin und Holderbank)
2011	Preis der Literaturhäuser; Erlanger Literaturpreis für Poesie als Übersetzung
2012	Roswitha-Preis; Georg-Trakl-Preis für Lyrik; *Poesiealbum 301 – Elke Erb* (Märkischer Verlag, Wilhelmshorst)
Seit 2012	Mitglied der Akademie der Künste, Berlin
2013	*Das Hündle kam weiter auf drein – Gedichte* (roughbooks, Berlin / Wuischke / Solothurn); Ernst-Jandl-Preis für Lyrik; Teilnahme an »Poetry International Rotterdam«
2015	*Sonnenklar – Gedichte* (roughbooks, Berlin / Wuischke / Solothurn); Anke Bennholdt-Thomsen-Lyrikpreis der Deutschen Schillerstiftung
2016	*Elke Erb – Gedichte und Kommentare* (poetenladen, Leipzig); Kieler Liliencron-Dozentur für Lyrik
2018	Mörike-Preis der Stadt Fellbach; *Das Gedicht ist, was es tut / A poem is what it does* (Wallstein Verlag, Göttingen)
2019	*Gedichtverdacht – Gedichte* (roughbooks, Berlin, Wuischke und Schupfart); Verleihung des Bundesverdienstkreuzes durch Bundespräsident Frank-Walter Steinmeier
2020	Georg-Büchner-Preis; *Das ist hier der Fall – Ausgewählte Gedichte*, Herausgegeben und mit einem Nachwort von Steffen Popp und Monika Rinck (Suhrkamp Verlag, Berlin)
2022	*Notizbuch Ende der 90er – Auf Grundlage der Abschrift von 2020*, Herausgegeben von Steffen Popp (Engeler, Schupfart)
22. Jan. 2024 ...	Elke Erb stirbt in Berlin

Manfred Rothenberger

Geboren **1960** in Nürnberg. **1982–1994** Mitbegründer und Herausgeber von *batería – Zeitschrift für künstlerischen Ausdruck*. **1986–1994** wissenschaftlicher Mitarbeiter am Institut für moderne Kunst, Nürnberg, seit **1994** dessen Direktor. **1994–2003** Leitung des Verlags für moderne Kunst, Nürnberg. **2009** Gründung des Verlags starfruit publications, Fürth.

Zusammen mit Thomas Weber Herausgeber der Publikation *Nico – Wie kann die Luft so schwer sein an einem Tag an dem der Himmel so blau ist* (starfruit publications, Fürth, **2019**); gemeinsam mit Kathrin Mayer und Anne Thurmann-Jajes Herausgeber der Publikation *Wissensspeicher der Kultur – Geschichte, Funktion und Auftrag der Kulturarchive im deutschsprachigen Raum* (starfruit publications, Fürth, **2024**).

Dank

Diese Publikation wurde durch eine Verlagsprämie des Freistaats Bayern 2024 ausgezeichnet.

Es wurde versucht, alle Rechteinhaber*innen der in diesem Buch abgedruckten Abbildungen ausfindig zu machen. In Fällen, in denen dies nicht gelungen ist, wird gebeten, sich mit dem Verlag in Verbindung zu setzen.

Lektorat und Redaktion
Anke Schlecht

Gestaltung
Karin Kolb (StudioNearMe)

Schrift
Miller (Matthew Carter)
Neue Haas Grotesk (Christian Schwartz)

Papier
100 g/m² Munken Print Cream 15

Herstellung
Westermann Druck Zwickau GmbH

www.starfruit-publications.de

Printed in Germany.
ISBN: 978-3-922895-63-3